edition unseld 29

Mit seiner Technik formt der Mensch schon längst nicht mehr nur die äußere Natur, sondern auch sich selbst. Neben der biotechnologischen Manipulation des Genoms sind es zunehmend Neurotechnologien, mit denen wir unser eigenes Selbst verändern und gestalten. Mit dem therapeutischen Erfolg dieser Technologien stehen neurotechnologische Umbaumaßnahmen von Körper und Geist am Horizont, die auf die »Optimierung« des Menschen angelegt sind. Am Beispiel neuester technischer Zugriffsmöglichkeiten auf das menschliche Gehirn geht Oliver Müller in seinem Essay der Frage nach, welche Auswirkungen Technisierungsprozesse auf unser Selbstsein und unser Selbstverständnis haben und haben könnten. Im Zentrum der Überlegungen stehen Formen der Selbstinstrumentalisierung, der Selbstverdinglichung und der »Selbstcyborgisierung«, die in der technisch veränderten Wahrnehmung der eigenen Person und in der Anpassung an die Perfektion technischer Prozesse liegen. Die Chiffre des Homo faber erfaßt das Unglück, das im Fortschrittsglück des Immer-besser-Werdens liegt.

Oliver Müller, geboren 1972, Philosoph, Autor und Dramaturg, leitet am Institut für Ethik und Geschichte der Medizin an der Universität Freiburg eine Nachwuchsforschergruppe zu den philosophisch-anthropologischen Grundlagen der biomedizinischen Ethik. Zu seinen jüngsten Veröffentlichungen gehört der von ihm mitherausgegebene Sammelband *Das technisierte Gehirn. Neurotechnologien als Herausforderung für Ethik und Anthropologie* (2009).

Zwischen Mensch und Maschine
Vom Glück und Unglück des Homo faber

Oliver Müller

Suhrkamp

Die *edition unseld* wird unterstützt durch eine Partnerschaft
mit dem Nachrichtenportal *Spiegel Online*. www.spiegel.de

edition unseld 29
Erste Auflage 2010
© Suhrkamp Verlag Berlin 2010
Originalausgabe
Satz: TypoForum GmbH, Seelbach
Druck: Druckhaus Nomos, Sinzheim
Umschlaggestaltung: Nina Vöge und Alexander Stublić
Printed in Germany
ISBN 978-3-518-26029-6

1 2 3 4 5 6 – 15 14 13 12 11 10

Zwischen Mensch und Maschine

Inhalt

Einleitung 9

Dank 17

1 Formen der Technisierung des Gehirns 18

2 Der Charakter von Technisierungsprozessen 42

3 Die antithetische Grundstruktur von
  Technisierungsprozessen 84

4 Technisierungsprozesse vor dem Horizont des
  menschlichen Selbstvergewisserungsbedürfnisses 124

5 Grenzen der Selbsttechnisierung 154

Schluß: Das obskure Objekt der Optimierung 192

Literatur 201

Detailliertes Inhaltsverzeichnis 217

Vorbemerkung 9
Der ....

1. ....
2. ....
3. ....
   ....
4. ....
5. ....
6. ....
7. ....

....

Literatur ....
....

Einleitung

Der Mensch gestaltet mit seiner Technik schon längst nicht mehr nur die äußere Natur, sondern auch sich selbst. Neben der biotechnologischen Manipulation des Genoms sind es zunehmend Neurotechnologien, mit denen wir tief in unser eigenes Selbst eingreifen, etwa um schwere Krankheiten zu heilen. Mit dem Erfolg dieser Technologien stehen jedoch neurotechnologische Umbaumaßnahmen von Körper und Geist am Horizont, die auf die »Optimierung« des Menschen angelegt sind.

Am Beispiel neuer neurotechnologischer Ein- und Zugriffsmöglichkeiten auf das menschliche Gehirn geht es in diesem Essay um die Frage, welche Auswirkungen solche Technisierungsprozesse auf uns haben. Führt die Technisierung des Gehirns überhaupt zu einer Technisierung des Selbst? Was heißt »Selbstperfektionierung« im Zeitalter der Neurotechnologie? Und: Welche Bedeutung haben Technisierungsprozesse für unser Selbstverständnis und unser Handeln?

Zur Beantwortung dieser Fragen muß eine Brücke von den konkreten Techniken, Technologien und Selbsttechnisierungsformen zur philosophischen Reflexion geschlagen werden, um den folgenden methodischen Monstern Skylla und Charybdis zu entgehen: Weder darf die Philosophie durch den Rückbezug auf vertraute und eingespielte Diskurse die subtilen Bruchlinien der Selbsterfahrung in den aktuellen Technisierungsprozessen ignorieren, noch genügt es, daß die Neurotechnologien nur in den Blick derjenigen geraten, die lediglich für die gerade aktuelle Technologie die Verträglichkeit prüfen lassen wollen; denn Technik ist mehr: Sie konstituiert unser Welt- und Selbstsein, sie verändert die Bedingungen unseres Handelns.

Eine weitere methodische Klippe, die es zu umschiffen gilt, kann man als die Gefahr des doppelten Indifferentismus bezeichnen. Zum einen scheint der Gang der Technisierung mit einem Blick aus großer Distanz unaufhaltsam zu sein und der Handlungsspielraum des einzelnen Subjekts so belanglos gering, daß es sich schon gar nicht mehr lohnt, über das Individuum und sein Handelnkönnen in der technologischen Zivilisation nachzudenken; der individuelle Entscheidungsspielraum erscheint als anthropologische Romantik. Zum anderen wiederum wirken die Technisierungsprozesse aus der Perspektive des Individuums merkwürdig anonym, so daß viele Philosophen und Ethiker zwar intensiv über das Selbst reflektieren – ohne sich aber für die individuellen Auswirkungen und Zusammenhänge von Technisierungsprozessen zu interessieren. Dabei hat schon Friedrich Nietzsche betont, daß es »Prämissen des Maschinen-Zeitalters« gebe, nämlich »[d]ie Presse, die Maschine, die Eisenbahn, de[n] Telegraph[en]«, deren »tausendjährige Conclusion noch Niemand zu ziehen gewagt hat«.[1]

Daher ist dieses Buch weniger ein systematischer Beitrag zur Technikphilosophie im engeren Sinne, es versteht sich vielmehr als Beitrag zum Verständnis des Menschseins in der modernen technischen Welt. Es ist ein anthropologisch-ethischer Versuch, ein Versuch über den Menschen.

Das Bedürfnis nach einer anthropologischen Standortbestimmung entsteht meist in Umbruchzeiten und hat eine Tradition, die bis auf Sokrates zurückreicht und die über die *Essais* von Montaigne und die spekulative Selbstbegründung im deutschen Idealismus zu Nietzsches Destruktion überkommener Ordnungen führt – und die seit dem 19. Jahrhundert immer auch die

---

1 F. Nietzsche: Menschliches, Allzumenschliches II, S. 674.

Veränderung der Lebenswelt durch Technisierungsprozesse zum Thema hat: Eisenbahn und Dampfmaschine werden in Romantik und Biedermeier als einschneidende und verstörende Neuerungen wahrgenommen; 1877 erscheint mit Ernst Kapps *Grundlinien einer Philosophie der Technik. Zur Entstehungsgeschichte der Cultur aus neuen Gesichtspunkten* die erste explizit technikphilosophische Abhandlung; der aus Anlaß der Pariser Weltausstellung 1889 errichtete Eiffelturm steht für das Selbstbewußtsein der Ingenieure und wird als Symbol der Zeit empfunden; die Gründung der ersten Anti-Lärm-Vereine am Anfang des 19. Jahrhunderts nimmt sich harmlos aus gegenüber der Technisierung der Kriegsführung in den Stahlgewittern des Ersten Weltkriegs; die damit einhergehende fundamentale Orientierungskrise ließ den Untergang des Abendlandes konsequent erscheinen; Oswald Spengler empfahl daher in herzlosem *amor fati* die Beschäftigung mit Waffentechnik statt mit Lyrik.

Diese fundamentale Sinnkrise führte in den zwanziger Jahren zu einer ersten Welle der systematischen Auseinandersetzung mit der Mechanisierung und Monotonisierung des Lebens, etwa bei Walther Rathenau oder Ludwig Klages. Der Zweite Weltkrieg brachte einen Verlust an Vertrauen in die Technik, da sie so ohne weiteres in den Dienst der Unmenschlichkeit gestellt werden konnte. In der langen Debatte um die Atombombe ab den fünfziger und sechziger Jahren wurde das zerstörerische Potential der Technik erneut ins Zentrum gerückt. Ab den sechziger Jahren wurde zunehmend die Medizintechnologie zum Thema ethischer Reflexionen; in den siebziger Jahren wurde die Subdisziplin »Bioethik« institutionalisiert. Insbesondere die ganz konkrete Änderung der Lebenswelt durch die Reproduktionsmedizin, die Abkopplung der Fortpflanzung von natürlichen Prozessen auf der einen und die von phantastischen Zukunftsvisionen gespeisten

Ängste um den geklonten Menschen auf der anderen Seite weckten den Wunsch nach einer Selbstauslegung des modernen Subjekts und nach Orientierung in einer Welt der mannigfaltigen technischen Möglichkeiten.

Die Fortschritte in den Medizin-, Bio- und Neurotechnologien sorgen auch heute wieder für ein Bedürfnis nach anthropologisch-ethischer Standortbestimmung: Daß die Technik nicht nur zur äußeren Naturbeherrschung eingesetzt wird, sondern zur Beeinflussung und Gestaltung unserer eigenen Natur, markiert eine neue Stufe des Nachdenkens über die *conditio humana.* Die Selbsttechnisierung des Homo faber, also die immer weiter fortschreitende Invasivität der Technisierungsprozesse,[2] macht vielen Menschen Sorgen: »Die Technik überschreitet jede Grenze und wird immer mehr zur Erfindung einer neuen Welt, die sich von der alten befreit; sie beschränkt sich nicht mehr darauf, Konsumgüter und Werkzeuge zu produzieren, sondern ist schon auf dem Weg der Produktion des Menschen selbst, seines Lebens, seiner Gefühle und Vorstellungen und seiner höchsten Glückseligkeit, nämlich der Befreiung des Menschen von Leid und Tod.«[3]

Auch wenn sich die mit den Medizintechnologien verbundenen Hoffnungen häufig ganz konkret auf die Rettung von Leben oder die Sicherung einer bestimmten Lebensqualität beziehen, bleibt es eine Herausforderung, zu klären, was diese Technologien für uns bedeuten. Denn verstehen wir wirklich, welche Folgen die Technisierung der Fortpflanzung für unser Leben hat? Wissen wir, was wir tun, wenn wir an unseren Kindern genetisch nachbessern? Haben wir eine Vorstellung davon, was ein Gehirnimplantat mit uns, mit unserem Selbst macht?

Der folgende Essay über den Menschen und seine Technik, der

2 G. Böhme: Invasive Technisierung.
3 E. Severino: Vom Wesen des Nihilismus, S. 16 f.

Versuch, die Auswirkungen der Technisierungsprozesse auf das menschliche Selbstsein zu beschreiben, geht von den neurotechnologischen Eingriffen aus, denn hier zeigen sich die Möglichkeiten und Konsequenzen dieser Trends, wie noch zu sehen sein wird, in einer spezifischen Weise; hinsichtlich der Entwicklung von Neurotechnologien sind in den nächsten Jahren und Jahrzehnten noch einige Fortschritte zu erwarten. Damit sollen weder die anderen Biotechnologien marginalisiert werden, noch soll anderen Technologien – etwa Medien- und Waffentechnologien – die Brisanz abgesprochen werden. Im Gegenteil: Der Fokus auf die Neurotechnologien hat exemplarischen Charakter, und ich hege die Hoffnung, daß viele der folgenden Überlegungen sich auf andere Kontexte übertragen lassen.

Die Idee hinter diesem Essay ist es, die philosophischen Debatten und Konstellationen der fünfziger Jahre des 20. Jahrhunderts für die heutige Diskussion fruchtbar zu machen. Dies nicht, um auf ein scheinbar verjährtes Methodenrepertoire zurückzugreifen, sondern um mit Anknüpfungen, Aktualisierungen und Neuformulierungen ein Instrumentarium für die Beschreibung der heute in der Diskussion stehenden Technisierungsformen zu entwickeln.

Damals wurde innerhalb von wenigen Jahren eine Reihe wichtiger Bücher und Aufsätze zur Selbstverständigung über das Menschsein- und Handelnkönnen in der technischen Zivilisation veröffentlicht. Der erste Band von Günther Anders' *Antiquiertheit des Menschen* erschien 1956, Hannah Arendts *The Human Condition*, das in der deutschen Übersetzung *Vita activa* heißen sollte, erschien 1958 in den USA. Heidegger publizierte »Die Frage nach der Technik« 1959 in seinem Band *Vorträge und Aufsätze*, hatte diesen Text aber bereits in den Jahren zuvor öffentlich vorgetragen. Auch Hans Blumenberg schrieb, leider weitgehend unbeachtet, in den fünfziger Jahren einige hochinteressante Aufsätze über Technik. Und so ist es angesichts dieser geistesgeschichtlichen Lage vielleicht kein Zufall, daß 1957 auch Max Frischs *Homo faber* erschien.

Diese philosophische Konjunktur wiederum war nur durch gewichtige Vorläufer möglich, man denke an Ernst Cassirers Aufsatz »Form und Technik« von 1930, Ernst Jüngers *Arbeiter* und Husserls *Krisis*-Schrift aus den dreißiger Jahren, an Karl Jaspers' *Vom Ursprung und Ziel der Geschichte* aus dem Jahr 1949. Die Debatte um die Technik wurde in dieser Zeit sowohl von rechtskonservativen Autoren angeheizt, etwa von Oswald Spengler mit *Der Mensch und die Technik* von 1934 und von Friedrich Georg Jünger, dem Bruder Ernst Jüngers, der seine *Perfektion der Technik* bereits 1939 verfaßte, allerdings noch unter dem Titel *Illusionen der Technik*. Gleichzeitig etablierte sich aber auch eine marxistische Kultur- und Technikkritik, das prominenteste Beispiel ist hier natürlich Max Horkheimers und Theodor W. Adornos *Dialektik der Aufklärung* (1944).

Das technikphilosophische Kraftzentrum der fünfziger Jahre speiste sich nicht nur aus verschiedenen Quellen, sondern wirkte in der deutschen und der internationalen Debatte in unterschiedlichen Formen nach, insbesondere hatte es ab den sechziger Jahren einen nachhaltigen Einfluß auf die italienische Philosophie, etwa bei Emanuele Severino und Umberto Galimberti, die in großangelegten Studien das Wesen der technischen Zivilisation zu verstehen suchten.

Gleichwohl sind diese Versuche philosophischer Selbstvergewisserung über das Leben in der technischen Zivilisation in der derzeitigen Debatte kaum präsent. Dies liegt unter anderem daran, daß man sich in der angewandten Ethik heute kaum noch für das Verstehen größerer kultureller Zusammenhänge interessiert,

Ethik vielmehr in einer Art Checklisten-Stil betreibt. Indem ich diese Debatte erneut fruchtbar mache, möchte ich einen Beitrag zur ethisch-anthropologischen Standortbestimmung leisten, vor deren Hintergrund die konkreten Fragen erst richtig gestellt werden können. Die technikphilosophische Diskussion der fünfziger Jahre kann man insofern in gewisser Hinsicht zum Gegenstand einer Konstellationsforschung im Sinne Dieter Henrichs machen: Ähnlich wie in den Debatten im Deutschen Idealismus um und nach 1800 geht es auch hier um eine grundsätzliche Verortung des modernen Menschen, um das Verstehen und Beschreiben der *conditio humana* in einer kulturellen und sozialen Umbruchszeit.

In der hier versuchten Analyse der Technisierungsprozesse soll keine Maschinenstürmerei betrieben werden – schon Blumenberg wollte das Wort »Technik« ausdrücklich von keinem Philosophen mehr hören, nur noch von Technikern.[4] Dieser bissige Kommentar ist auf eilfertige Dämonisierer der Apparatewelt gemünzt. Und in der Tat: Technikkritik ist, richtig verstanden, kein Dämonisierungsunternehmen, sondern dient der kritischen Selbstverständigung über den Charakter der Zivilisation, in der wir leben und aus der heraus wir unsere Entscheidungen fällen. Technikkritik darf keinen pessimistisch-kulturkritischen Fatalismus zur Folge haben. Wir haben es immer mit kulturellen Transformationsprozessen zu tun. Und es findet sich in jeder Gegenwart etwas, was in einer früheren Zeit besser gewesen zu sein schien. Doch vor jeder Wertbehauptung müssen die Kriterien klar sein, an denen man das Bessere erkennt und mißt. Privilegienverluste und Orientierungsstörungen in einer unübersichtlichen Welt sind hart, können aber nicht durch Nostalgie gelöst

4 H. Blumenberg: Lebenswelt und Technisierung, S. 9.

werden, sondern nur durch eine permanente Verständigung über das, was wir sind und was uns wichtig und wertvoll ist.

Insofern müssen wir eine doppelte Hermeneutik betreiben; wir bedürfen einerseits einer »prognostischen Hermeneutik«, wie es Günther Anders nennt: »[W]ir haben das zu lernen, was die ›vates‹ der Antike getan oder zu tun sich eingeredet haben: die Zukunft vorauszusehen. Die Gedärme, die wir prognostisch lesen zu lernen haben, sind nicht die der Opfertiere, sondern die der Apparate. Diese verraten uns die Welt von morgen und den Typ unserer Kindeskinder, sofern es solche noch geben wird. Und wenn sie das nicht von selber tun, dann haben wir sie dazu zu zwingen.«[5] Gleichzeitig bedürfen wir aber auch einer Art »retrospektiver Hermeneutik«: Wir müssen wach bleiben für das, was Menschen durch die Zeiten als das Gute und Erstrebenswerte angesehen haben. Philosophie konserviert immer auch ein Erinnerungswissen, also ein Bewußtsein davon, was Menschen für wissenswert hielten und woran sie ihr Handeln ausgerichtet haben.

Die Voraussetzung für die Klärung der aktuellen Probleme und Fragen hinsichtlich der Neurotechnologien ist das Verstehen der Tiefenstrukturen der Technisierungsprozesse. Denn es ist, wie Anders betont, in der Tat »schief, zu behaupten, daß es in unserer Epoche auch Technik gebe«: In unserer Epoche gibt es nicht auch irgendwie Technik, sondern unsere Welt und unser Selbstsein sind fundamental durch Technik konstituiert.[6] Und damit bietet die Auseinandersetzung mit der Technik einen Zugang zur Beantwortung der alten Frage, was der Mensch sei.

5 G. Anders: Die Antiquiertheit des Menschen II, S. 428.
6 Ebd., S. 287.

Dank

Ein großer Gewinn war mir in den letzten Jahren der Austausch mit den Wissenschaftlerinnen und Wissenschaftlern vom Freiburger Bernstein Center und dem Freiburg-Tübinger Bernstein Focus: Neurotechnology (gefördert vom Bundesministerium für Bildung und Forschung) sowie mit den Kolleginnen und Kollegen des Universitätsklinikums Freiburg, insbesondere des Neurozentrums. Von unschätzbarem Wert waren für mich die Gespräche mit den Dramaturginnen und Dramaturgen sowie den Regisseurinnen und Regisseuren, die an dem interdisziplinären und theatralen Projekt »Die Optimierung des menschlichen Gehirns« am Theater Freiburg mitwirkten, das wir gemeinsam realisieren konnten; höchst anregend waren auch die Diskussionen mit den an dem Projekt beteiligten Schülerinnen und Schülern.

Ich danke Hans-Joachim Simm und Heinrich Geiselberger vom Suhrkamp Verlag für das Interesse am Manuskript und die sorgsam-kritische Lektüre, der ich viele wertvolle Anregungen entnehmen konnte. Ganz herzlich zu danken ist auch den Freunden Jan-Christoph Heilinger und Dr. Carlos Spoerhase und denjenigen Kolleginnen und Kollegen am Institut für Ethik und Geschichte der Medizin der Universität Freiburg sowie den Mitarbeitern der ebenfalls vom BMBF geförderten Nachwuchsforschergruppe zur »Natur des Menschen als Orientierungsnorm in der Bioethik«, namentlich Dominik Baltes, Zsuzsanna Barkai, Uta Bittner, Dr. Joachim Boldt, Boris Eßmann und Dorothee Schmidt, die das Manuskript kritisch kommentiert, auf sprachliche Mängel hingewiesen oder sich um Literaturrecherche, Korrekturen und technische Tücken gekümmert haben.

Und nicht zuletzt gilt mein Dank Ursula Cadenbach – für alles.

1 Formen der Technisierung des Gehirns

Neurotechnologien: Der Stand der Dinge

Die Erforschung und Entwicklung von Neurotechnologien – der Verbindungen zwischen Gehirn und Maschine, der Interaktion von Nervengewebe und Elektroden – ist ein dynamisches und interdisziplinäres Feld, auf dem Neurobiologie, Informatik, Ingenieurwissenschaften und klinische Anwendungen zusammenwirken. Dabei unterscheidet man verschiedene Arten von Neurotechnologien: Grundsätzlich nennt man ein Gerät, das das menschliche Gehirn mit einer Maschine, meist mit einem Computer, verbindet, »Brain Machine Interface« (Gehirn-Maschine-Schnittstelle, kurz BMI) oder »Brain Computer Interface« (Gehirn-Computer-Schnittstelle, kurz BCI).[1] Dabei handelt es sich um Schnittstellen, die durch die Verbindung von Elektroden und menschlichem Gehirn den Austausch bioelektrischer Signale ermöglichen. Dieser kann in beide Richtungen (vom Gehirn zur Maschine und umgekehrt) stattfinden sowie wechselseitig (vom Gehirn zur Maschine und wieder zurück).

Es können somit – *erstens* – Hirnsignale abgeleitet und in elektrische Impulse übersetzt werden, so daß man Hirnaktivitäten als »Informationen« lesen kann, um auf diesem Weg eine »Kommunikation« zwischen Gehirn und Computer herzustellen. Die dadurch mögliche Ansteuerung externer Effektoren (wie etwa Prothesen oder bestimmte Computerprogramme) wird bereits bei Patienten eingesetzt. Dabei steuert man einen Computer-

---

1 Siehe O. Müller et al.: Der technische Zugriff auf das Gehirn; M. A. Lebedev et al.: Brain-machine interfaces: past, present and future; R. Merkel et al.: Intervening in the brain, S. 117 ff.

cursor durch Informationen, die mittels eines Elektroenzephalogramms (EEG) gewonnen wurden; dafür ist es nicht nötig, operativ ins Gehirn einzugreifen, die Daten können mit Hilfe einer Elektrodenhaube gewonnen werden. Auf diese Weise können gelähmte Patienten lernen, mit einem Cursor ein Buchstabierungsprogramm zu bedienen. Dies bietet insbesondere Patienten mit Amyotropher Lateralsklerose (ALS) Hilfe, Patienten, die infolge nervenbedingten Muskelschwundes unter einem sogenannten »Locked-in-Syndrom« leiden und sich aufgrund ihrer Erkrankung nicht mehr bewegen können und daher bei vollem Bewußtsein und bei intakter geistiger Leistungsfähigkeit in ihrem Körper »eingeschlossen« sind. Der Cursor erlaubt es ihnen, sich sprachlich auszudrücken – so langsam und mühsam das sein mag – und damit den Kontakt zur »Außenwelt« aufrechtzuerhalten.[2]

Mit dieser Technik kann im Prinzip auch eine Armprothese gesteuert werden; motorische Neuroprothesen dieser Art müssen die neuronalen Informationen allerdings möglichst durch invasive – also in das Gehirn eindringende – Verfahren ableiten, weil das für die entsprechende motorische Steuerung »zuständige« Hirnareal ausgelesen werden muß. Das geht am besten in der direkten Verbindung von Nervenzellen und Elektroden. Durch die fortschreitende Miniaturisierung technischer Systeme ist die Entwicklung der erforderlichen implantierbaren Elektroden möglich und in einzelnen Fällen schon realisiert worden. Derartige motorische Neuroprothesen werden derzeit vorwiegend in Tierversuchen erforscht. Dabei gelang es beispielsweise, das entsprechende motorische Hirnareal eines Affen so zu »nutzen«, daß er

2 A. Kübler, N. Birnbaumer: Brain-computer interfaces and communication in paralysis; F. Nijboer et al.: Gehirn-Computer-Schnittstellen für schwerstgelähmte Menschen.

Nahrung statt mit seinem eigenen mit einem Roboterarm zum Mund führen konnte.[3]

Zweitens kann man mit einem BMI nicht nur Signale ableiten, sondern auch gezielt einzelne Hirnregionen über elektrische Impulse stimulieren, um eine bestimmte Hirnaktivität auszulösen oder zu inhibieren. Zunächst lassen sich mittels dieser Technik bestimmte motorische Funktionen wiederherstellen. So werden BMIs zum Beispiel zur Behandlung von Patienten, die an der Parkinsonschen Krankheit leiden, eingesetzt, zu deren Symptomen etwa ein die Lebensqualität stark herabsetzender Tremor gehört. Dabei fungieren die BMIs als tiefe Hirnstimulatoren. Elektroden werden in einem stereotaktischen neurochirurgischen Eingriff in »tiefe« Hirnregionen implantiert (wie in den Globus pallidus oder den Nucleus subthalamicus), um durch Stromstöße auf das Areal einwirken zu können. Interessanterweise ist dabei bis heute nicht bekannt, warum sich der Tremor durch die Stimulation unterdrücken läßt. Die Methode wird sozusagen in einem Trial-and-Error-Verfahren entwickelt, das von den sicht- und spürbaren Erfolgen dieser Technik ausgeht. Diese hochinvasiven Eingriffe können zu Persönlichkeitsveränderungen führen, die man derzeit nur bei schwerkranken Patienten und bei fehlenden therapeutischen Alternativen in Kauf nimmt. Dieses Verfahren, das 1991 erstmals erfolgreich beim Menschen eingesetzt wurde,[4] wird »tiefe Hirnstimulation« (Deep Brain Stimulation, kurz DBS) genannt und ist heute eine etablierte Behandlungsoption im Endstadium des idiopathischen Parkinsonsyndroms.

Wegen der Erfolge der DBS bei dieser Symptombehandlung

3 M. Velliste et al.: Cortical control of a prosthetic arm for self-feeding.
4 A. L. Benabid et al.: Long-term suppression of tremor by chronic stimulation of the ventral intermediate thalamic nucleus.

diskutiert man über eine Ausweitung der Indikation. Dabei geht es zum einen um den Einsatz der tiefen Hirnstimulation in früheren Stadien der Parkinsonerkrankung und zum anderen um die Behandlung anderer Krankheiten wie etwa therapierefraktärer Depressionen oder Zwangsstörungen.[5] Der Tübinger Neurochirurg Marcos Tatagiba etwa hält wegen der derzeitigen Erfolge von DBS sogar einen Einsatz von Neurotechnologien zur Therapie leichterer Depressionen durchaus für denkbar.[6] Gegenüber derartigen Anwendungen gibt es ethische Vorbehalte, weil DBS wegen eventueller Persönlichkeitsveränderungen bislang bei Parkinsonpatienten als therapeutische *ultima ratio* galt und weil man wegen der Komplexität der Zusammenhänge die Ausweitung des Einsatzes von DBS auf Hirnfunktionen, die dem psychischen Bereich angehören, scheut.

Neben der Wiederherstellung motorischer Fähigkeiten kann man mit den stimulierenden Eingriffen auch das Ziel verfolgen, sensorische Funktionen durch Neuroprothesen wiederherzustellen. So soll eine Stimulation im Nucleus cochlearis Höreindrücke direkt im Gehirn evozieren,[7] und die Herbeiführung von Seheindrücken wird anhand von Implantaten im visuellen Cortex erforscht.[8] In diesem Bereich steckt die Forschung zwar noch in den Kinderschuhen (auch wenn bei den Cochlea-Implanta-

---

5 H. S. Mayberg et al.: Deep brain stimulation for treatment-resistant depression; V. Sturm et al.: The nucleus accumbens: a target for deep brain stimulation in obsessive-compulsive- and axiety-disorders; M. Arends et al.: »Psychochirurgie« und tiefe Hirnstimulation mit psychiatrischer Indikation; R. Merkel et al.: Intervening in the Brain, S. 161 ff.
6 T. Krämer: Kommt die gesteuerte Persönlichkeit?, S. 49.
7 J. P. Rauschecker, R. V. Shannon: Sending sound to the brain.
8 W. H. Dobelle: Artificial vision for the blind by connecting a television camera to the visual cortex; R. A. Normann et al.: Toward the development of a cortically based visual neuroprosthesis.

ten, also Innenohrprothesen, schon sehr große therapeutische Erfolge zu verzeichnen sind),[9] aber viele der aktuellen technischen Probleme – insbesondere die Größe der Elektroden und Schwierigkeiten bei der »Verschmelzung« von Elektroden und Nervengewebe sowie die langfristige Biokompatibilität der inkorporierten Technik – werden in den nächsten Jahrzehnten möglicherweise gelöst, so daß dann auch visuelle Neuroprothesen eine realistische Option darstellen.

Stimulierende BMIs können darüber hinaus auch zur Beeinflussung des Verhaltens genutzt werden. In Tierexperimenten ist es gelungen, das Verhalten von Versuchstieren durch elektrische Stimulation zu kontrollieren[10] und zum Beispiel die Bewegungen von Ratten über Implantate zu steuern.[11] Die sogenannten »Robo-Rats« lassen sich »fernsteuern«, indem man die für die Raumorientierung zuständigen Schnurrhaare und das Belohnungszentrum im Rattenhirn stimuliert. Jede »richtige« Bewegung oder Richtungsänderung kann dann per Fernsteuerung »belohnt« werden. Auf diese Weise ist es auch gelungen, Ratten einige für diese Spezies ungewohnte Wege einschlagen zu lassen: Die Nagetiere, die typischerweise an Wänden entlanglaufen, überquerten nun plötzlich freie Flächen und liefen sogar schiefe Ebenen hinab.

Drittens ist es möglich, ableitende und stimulierende Einwirkungen auf das Gehirn in Form von Feedback-Systemen zu kombinieren. Dabei werden »Informationen« aus dem Gehirn abgeleitet, die wiederum eine Stimulation des betreffenden Hirnareals auslösen können. Solche integrierten Systeme sind derzeit beispielsweise als mögliche Therapien für Epilepsiepatienten im

9 Siehe U. Bittner: Wie Hören und Sehen wiederkommen.
10 J. M. R. Delgado: Evolution of physical control of the brain.
11 S. K. Talwar et al.: Rat navigation guided by remote control.

Gespräch.[12] Ausgehend von solchen Informationen, sind Ärzte in der Lage, drohende Anfälle zu erkennen und sie durch bestimmte Stimuli abzuwenden.[13]

Ein weiteres Verfahren, bei dem Gehirn und Technik in Interaktion treten, betrifft die Entwicklung sogenannter »memory chips«, also »Gedächtnis-Chips«. Man forscht derzeit an mikrotechnischen Gehirnimplantaten im Hippocampus, der eine zentrale Rolle für Gedächtnisfunktionen hat. Die Hippocampus-Chips befinden sich noch in der Grundlagenforschung an Gewebeschnitten der Ratte.[14] Auch wenn der Beweis, daß »memory chips« jemals zur Behandlung von Gedächtnisstörungen oder gar zur Erweiterung der entsprechenden Kapazitäten eingesetzt werden können, noch erbracht werden muß, gelten diese Forschungen als relativ vielversprechend. So unterstützt etwa das Pentagon die Forschungen von Theodore Berger, der an solchen »memory chips« arbeitet.[15] Vor diesem Hintergrund bleibt es freilich fraglich, welche konkreten Hoffnungen sich mit solchen Untersuchungen verbinden. Befürchtungen einer gezielten Cyborgisierung von Menschen zu militärischen Zwecken wird man damit jedenfalls kaum besänftigen können.

Das Panorama dieser Anwendungsfelder eröffnet eine Reihe von Fragen und Perspektiven. Zwei Aspekte sind hier von besonderem Interesse. *Erstens*: Auch wenn bei anderen medizinischen

12 K. N. Fountas et al.: Closed loop stimulation implantable system for the management of focal, medically refractory epilepsy.

13 G. Worell et al.: Safety and evidence for efficacy of an implantable responsive neurostimulator (RNS) for the treatment of medically intractable partial onset epilepsy in adults; A. Schulze-Bonhage, T. Ball: Entwicklung und Einsatzmöglichkeiten von Brain-Machine-Interfaces bei Epilepsiepatienten.

14 Th. W. Berger et al.: Restoring lost cognitive function: Hippocampal-cortical neural prostheses.

15 T. Krämer: Kommt die gesteuerte Persönlichkeit?, S. 48.

oder biotechnologischen Eingriffen die Persönlichkeit und das Selbstbild ebenfalls verändert werden mögen, etwa wenn bei Herztransplantationen eine Auseinandersetzung mit dem neuen Organ als etwas der Person Fremdes stattfindet (der Philosoph Jean-Luc Nancy spricht vom implantierten Herzen als einem »Eindringling«[16]), die Persönlichkeitsveränderungen, die mit invasiven Eingriffen in das Gehirn einhergehen, sind jedoch direkterer Art. Euphorische Zustände sind bei DBS keine Seltenheit, im Extremfall verleiten sie Patienten beispielsweise zu waghalsigen Finanzaktionen.[17] Insbesondere treten bisweilen Angstzustände und dauerhafte charakterlich-moralische Veränderungen auf. Es gibt Fälle, in denen sich Angehörige dem Patienten entfremdet fühlten, weil dieser plötzlich ein verstärktes Interesse an Pornofilmen an den Tag legte. Selbst wenn man diese manifesten Persönlichkeitsveränderungen teilweise durch eine Nachjustierung der Elektrode oder durch eine Modifikation der Stromstärke zumindest verringern kann und sie insofern ein Problem der Nutzen-Risiko-Abwägung darzustellen scheinen, so bleibt doch unser Verständnis der Zusammenhänge zwischen den neurotechnologischen Stimulationen und den mentalen, kognitiven, emotionalen und charakterlichen Korrelaten rudimentär. Der Physiologe Emil Heinrich du Bois-Reymond traf bereits Ende des 19. Jahrhunderts die legendäre, immer noch aktuelle Einschätzung, wir müßten hinsichtlich bestimmter Probleme, etwa dem Leib-Seele-Verhältnis, von einem »Ignorabimus« ausgehen, also davon, daß wir mit naturwissenschaftlichen Mitteln in diesen Fragen »nie wissen werden«. Auch wenn sich derzeit im Grenzbereich von Leib und Seele vielversprechende Therapiemöglichkeiten ergeben: Wieviel müssen wir über das Verhältnis

16 J.-L. Nancy: Der Eindringling.
17 Alle Fälle aus persönlichen Gesprächen mit Freiburger Ärzten.

von Körper und Geist, wieviel über die neurophysiologische Prägung unserer Persönlichkeit wissen, bevor wir derart folgenreiche Eingriffe wagen? Auch wenn es in bestimmter Hinsicht therapeutisch keine Alternative zu neurotechnologischen Eingriffen gibt, sollte man die Persönlichkeitsveränderungen nicht trivialisieren, schon allein weil es schwierig sein dürfte abzuschätzen, welche Manipulationsmöglichkeiten sich insbesondere dann bieten werden, wenn DBS auch bei psychiatrischen Krankheiten zum Einsatz kommen soll. Denn mit den ersten neurotechnologischen Erfahrungen entsteht eine Technik zur Manipulation der Psyche, die unter Umständen auch ohne ein genaues Wissen um die psychophysischen Zusammenhänge immer breiter zur Anwendung kommen wird. Grundsätzlich haben wir hier zwar eine ähnliche Situation wie bei medikamentösen Einwirkungen auf die Psyche, die Neurotechnologien unterscheiden sich davon jedoch in mancher Hinsicht deutlich: Die Implantierung der Elektrode ist ein schwerer operativer Eingriff, und die gezielte Stimulierung von Gehirnrealen ist eine Einflußnahme anderer Art – doch darauf werde ich noch zurückkommen.

Zweitens: Auch wenn die genannten Technologien zur Zeit noch ausschließlich zu therapeutischen Zwecken angewandt werden, steht bereits ihr »optimierender« Einsatz am Horizont; das sogenannte »Neuro-Enhancement« (von engl. *enhancement*, Steigerung, Verbesserung, Optimierung) ist vor allem hinsichtlich aufmerksamkeitssteigernder und stimmungsaufhellender Psychopharmaka im Gespräch. Auch Neurotechnologien werden in Zukunft vermutlich nicht mehr nur zu therapeutischen Zwecken eingesetzt werden, sondern zunehmend auf Bedürfnisse und Wünsche reagieren, die weniger mit der Heilung von Krankheiten als mit Lifestyle-Fragen zu tun haben. Armin Grunwald bringt die Einschätzung vieler Experten auf den Punkt:

»Sobald so etwas möglich ist, entwickelt sich auch eine Nachfrage danach.«[18]

Bruchlinien der Selbsterfahrung

Im folgenden sollen an zwei Beispielen mögliche Bruchlinien der Selbsterfahrung beschrieben werden, die bei den genannten Technisierungsvorgängen manifest werden können. Dabei befasse ich mich zum einen mit dem Buch *Tief im Hirn* des an Parkinson leidenden Soziologen Helmut Dubiel, der darin sein Leben mit einem Neuroimplantat aufgezeichnet hat. Zum anderen stelle ich zwei Manifeste zum ethischen und sozialen Umgang mit dem Neuro-Enhancement vor, die relevante Fragen auf frappierende Weise ausblenden – und insofern als bemerkenswerte Dokumente freiwilliger Selbstentmündigung gelten können.

Technik tief im Hirn: Das Selbst als ein anderes

In seinem 2006 erschienenen Buch *Tief im Hirn* beschreibt der renommierte Soziologe Helmut Dubiel seine Situation vor und nach der Operation, bei der man ihm eine Elektrode implantierte, um mittels der tiefen Hirnstimulation den mit der Parkinsonschen Krankheit einhergehenden Tremor zu behandeln.[19] Dabei schildert er zunächst seine durch die Krankheit eingeschränkte Lebenssituation, die Erlebnisse in den Tagen vor der

18 Zitiert nach ebd., S. 49.
19 H. Dubiel: Tief im Hirn. Siehe zu einigen Hintergrundinformationen über diesen Eingriff das Interview, das Uta Bittner mit Volker Sturm führte, dem Neurochirurgen, der Dubiel den Hirnschrittmacher implantierte: *Frankfurter Allgemeine Zeitung* vom 13. September 2008, Bilder und Zeiten, S. Z8.

Operation, schließlich den Eingriff selbst – vor allem aber seine unterschiedlichen Erfahrungen während der Phasen, in denen der »Hirn-Schrittmacher« an- oder abgeschaltet ist. Dubiel sieht sich in die Lage versetzt, mit zwei physischen und zwei Bewußtseinszuständen zu leben, zwischen denen er lernt, wie er es ausdrückt, hin- und herzu»schalten«. Im folgenden zitiere ich längere Passagen aus *Tief im Hirn*, um die technisch veränderte Selbsterfahrung plastisch werden zu lassen.

»Die schlimmste Nebenfolge der Operation«, schreibt Dubiel, »bestand in der Störung des Sprachzentrums im Hirn. [...] Die Diagnose von Sprachstörungen ist schwierig. In den Berichten des Arztes tauchen sie nicht auf. Sie lassen sich nicht mit der präzisen Objektivität eines Computerprogramms feststellen. [...] Die meisten Parkinson-Patienten sind alt, sprechen oft Dialekt und sind nicht mehr im Beruf. Mir wurde erst nach einem Jahr, wieder zurück im Beruf, klar, daß ich bei Fortdauer der Sprachstörungen in Rente gehen müßte. Von Sprachstörungen war zwar in den Vorbereitungsgesprächen der OP die Rede, aber die Ärzte waren der Überzeugung, daß es sich um ein passageres Problem handelt, um eine Nebenfolge. [...] Um ›der Welt‹ nicht offenbar werden zu lassen, daß das Vokabular, dessen ich mich ohne Schwierigkeiten bedienen kann, schrumpft, beschränke ich mich unbewußt auf die Worte, die ich problemlos bewältigen kann, und befürchte, daß meine Artikulationsgabe meinem Denken, der Begriffsbildung und Urteilskraft immer deutlicher hinterherhinkt. [...] Ein Licht im Tunnel der Ungewißheit wurde ein Jahr nach der OP sichtbar, weil eine Neurologin in einer anderen Klinik einfach vorschlug, den Schrittmacher versuchsshalber abzustellen. Es war, als ob ein Geist aus mir sprach. In derselben Sekunde kehrte meine Stimme zurück, sonor, wohl artikuliert, nur ein wenig

heiser. Interessant war, daß nicht nur das Sprechen im technischen Sinne wieder sofort funktionierte, sondern auch meine Verstandestätigkeit und die kognitiven Funktionen – im buchstäblichen Sinne – wieder angeknipst waren. In den 15 Minuten, in denen wir das Gerät abgeschaltet hatten, war mir, als ob in meinem Kopf ein PC eingeschaltet wurde, dessen Brummen und Klicken mir verhießen, daß mein Gehirn arbeitete.«[20]
Bemerkenswert ist zunächst, daß Dubiel sich einer Computermetapher bedient, um diese Erfahrung zu beschreiben. Offenbar geben die Technologien auch die Kategorien der Selbstbeschreibung vor. Das ist symptomatisch: Dadurch, daß das technische Herstellen von kognitiven und emotionalen Zuständen einer Person eine immer selbstverständlichere Praxis zu werden scheint, häufen sich hier die technizistischen Begriffe und Metaphern für die Beschreibung des Umganges mit sich selbst.

Wie Dubiel den Zusammenhang von Sprachfähigkeit und Denken ganz konkret beschreibt, ist von großer Bedeutung für das Verständnis dieser Form der Technisierung. Sprachstörungen haben nicht nur Folgen für die Artikulation, sondern auch für kognitive Prozesse; dies wirkt sich bei Dubiel unter anderem auf das ihm zur Verfügung stehende Vokabular aus. Das heißt: Mit dem An- und Abschalten des Stimulators ändert sich auch die Weise der Selbstwahrnehmung, ändert sich die Weise des Über-sich-Reflektierens – mit entsprechenden Folgen für das praktische Selbstverhältnis.

Das hat handfeste Konsequenzen für Dubiels Alltag. Da er heute noch Vorträge hält, ist er darauf angewiesen, das Gerät immer wieder für kurze Zeit abzustellen; in diesen Phasen ist er in der Lage, differenzierter zu reflektieren, sich prononcierter auszu-

---

20 H. Dubiel: Tief im Hirn, S. 125 ff.

drücken. Dies führt aber nicht nur zu motorischen Problemen – der Tremor kehrt wieder –, sondern auch zu psychischen, denn Dubiel leidet an einer die Krankheit begleitenden Depression. Daß Dubiel diese Depression neurotechnologisch beherrschen kann, ist ihm unheimlich:

»So faszinierend wie erschreckend war vor allem, daß die Depression von mir abfiel, so als sei ein eisernes Band um meine Seele gesprungen. Faszinierend war die Leichtigkeit dieses Vorgangs. Ein Knopfdruck, betätigt durch ein kaum hörbares digitales Piepsen, unterstützt von einer winzigen Leuchtdiode, öffnete schlagartig den mir verhangenen Himmel. Freunde, die ich anrief, meinten, ich wäre frisch verliebt, so fröhlich muß ich geklungen haben. Erschreckend und irgendwie demütigend war die Banalität dieses Vorgangs. In den zahllosen traurigen Geschichten, die mir in diesem Jahr durch den Kopf gegangen waren, hatte ich das Gewicht der Welt gespürt. Dies einfach per Knopfdruck wegzudrücken, erschien mir geradezu frivol.«[21]

Auf diese Weise lernt Dubiel, seine Depression und die Sprachstörungen im Alltag zu meistern:

»Das Potenzial sozialer Kontrolle der Schrittmachertechnologie konnte ich am eigenen Leibe verspüren. Meine behandelnde Neurologin konfrontierte mich mit den elektronischen Spuren, die mein neuer, selbstbewußter Umgang mit meinem Schrittmacher hinterlassen hatte. Das höhere Maß an sozialer Kontrollierbarkeit ist nicht der einzige Nachteil der neuen Freiheit im Umgang mit dem Schrittmacher. Immer mehr intime, spontane Reaktionen werden nur noch möglich durch Vermittlung des Steuergeräts. Einen Vortrag kann ich zwar wieder

21 Ebd., S. 130.

halten, aber schon in der Diskussion muß ich das Gerät wieder anstellen, weil mich Wellen von Atemnot, Depression und Angstzuständen überschwemmen. Das schlimmste an dem neuen Zustand ist die soziale Scham über instrumentelle Vermittlung der menschlichen Kommunikation.«[22]

Diese Möglichkeit der Selbstkontrolle, bei der der alltägliche Umgang mit sich selbst durch das An- und Abstellen des Gerätes organisiert wird, die Möglichkeit, per Knopfdruck zwischen zwei Persönlichkeitszuständen hin- und herzuwechseln, ist eine im Vergleich zu den die Persönlichkeit ebenfalls verändernden Medikamenten qualitativ neue Form der Selbsterfahrung. Dubiels Buch ist durch die wissenschaftlich geschulte Selbstbeschreibungskompetenz und durch die ungewöhnliche Selbstdistanzierungsfähigkeit ein außergewöhnliches Dokument, das die Veränderungen des Autors in einer differenzierten Sprache erfaßt. Trotz dieser intellektuellen Selbstbehauptungsleistung macht Dubiel kein Hehl daraus, daß er mit Entfremdungserfahrungen zu kämpfen hat: »Immer häufiger werde ich darauf aufmerksam gemacht, wie ›gruselig‹ (so eine Freundin) die an mir applizierte Technologie auf naive Gemüter wirken muß. Ein neurologisch Erkrankter wird durch langfristige Tabletteneinnahme zum Zombie, durch den Schrittmacher zu Frankensteins Monster.«[23]

Mit dieser Entgegensetzung zweier extremer, angstbesetzter filmischer und literarischer Figuren endet Dubiels Buch. Dies ist zwar eine rhetorische Übertreibung, doch Dubiel versucht hier eine Erfahrung zum Ausdruck zu bringen, die offenbar nicht ohne weiteres auf den Begriff zu bringen ist und für die er einen bildhaften Assoziationsraum sucht. Ein Zombie ist ein »Untoter« ohne Bewußtsein, eine Figur, die über haitianische und afrikani-

22 Ebd., S. 138.
23 Ebd., S. 138 f.

sche Religionen in amerikanische Filme wie *Night of the Living Dead* (1968) und *Dawn of the Dead* (1978) von George A. Romero oder Michael Jacksons Musikvideo *Thriller* (1982) gelangte, und die bis heute als kulturkritische Chiffre in der Popkultur von Bedeutung ist oder (in Form des »philosophischen Zombies«) als unheimlicher Protagonist von Gedankenspielen zu fehlender Personalität eine Rolle spielt. Zombies sind kritik- und willenlose, vor sich hin vegetierende (meist halb verweste) Gestalten, nur noch von Instinkten getrieben, die vor allem durch die Lust auf den Verzehr von Menschenfleisch negativ auffallen. Das Monster aus Mary Shelleys Briefroman *Frankenstein, or The Modern Prometheus* von 1818 hat dagegen ein relativ reiches Innenleben, es schämt sich für sein Äußeres, leidet unter der Angst und Mißachtung, die ihm entgegenschlägt, es registriert das anerkennungstheoretische Gefälle zwischen ihm und anderen »Personen«. Zugleich reflektiert Frankensteins Monster ziemlich präzise, was es heißt, das technische Produkt eines anderen Menschen zu sein.

Sowohl bei den Zombies als auch bei Frankensteins Monster handelt es sich um Zerrbilder des menschlichen Daseins, aber gerade deshalb tragen sie für Dubiel dazu bei, die Auswirkungen der Technisierung im Vergleich zur Einnahme von Medikamenten verstehbar zu machen.

Während Dubiel die Medikation, das suggeriert der Zombie-Vergleich, offenbar als Herabsetzung seiner Sensibilität und als Unterminierung des eigenen Willens und damit seines Personseins empfindet, erfährt er die neurotechnologische Veränderung durch den Schrittmacher vor allem hinsichtlich des technischen Sich-selbst-Objekt-Werdens: Die Möglichkeit, unterschiedliche Persönlichkeitszustände technisch zu modulieren, führt dazu, daß Dubiel sich selbst als bloßes Produkt der Technik in seinem Kopf wahrnimmt. Die Wirkung von Medikamenten mag ebenfalls Abhängigkeitsgefühle auslösen, doch die Selbstwahrnehmung als gleichzeitig Steuernder und Manipulierter scheint bei dem Neuroimplantat ausgeprägter zu sein.

Dubiel selbst versucht, diese Erfahrungen mit Rückgriff auf die »narrative Bioethik« (die als Ergänzung zum Austarieren von ethischen Prinzipien und rechtlichen Regelungen die subjektive Perspektive auf das Kranksein in Form von Geschichten thematisiert) zu verarbeiten:[24] Krankheiten als Brüche im individuellen Leben bieten ihm dabei einen erzählerischen Zugang zu Körpererfahrungen, denn anhand unserer Krankengeschichten versuchen wir, diese Widerfahrnisse in einer Alltagssprache auszudrücken, in der es nicht um Fachtermini und Diagnosen geht, sondern um die Beschreibung der Ängste und der sozialen Entfremdungserfahrungen, vielleicht aber auch der beglückenden Erlebnisse. Wie das Verstehen von Texten mit seinen Bruchstellen beginnen kann, so ist für Dubiel die Krankheit Auslöser einer Hermeneutik des Selbst, in der das eigene Leid erzählbar gemacht werden soll, um Sinnstrukturen zu entdecken, Kohärenzen und Perspektiven zu entwickeln. Wir konstituieren einen Teil unserer Identität über Erzählungen, wir sind, wie der Phänomenologe Wilhelm Schapp sagt, »in Geschichten verstrickt«.[25] Dubiels *Tief im Hirn* verdeutlicht das Ringen um die Autorschaft der eigenen Geschichte auf das Eindrücklichste.

24 Vortrag von Helmut Dubiel am 19. April 2009 im Theater Freiburg, angeregt durch die Studie von K. Bentele: Ethische Aspekte der regenerativen Medizin am Beispiel von Morbus Parkinson.
25 W. Schapp: In Geschichten verstrickt.

Rahmenbedingungen für bessere Gehirne:
Die Homines fabri von der Rockefeller University und
das »Memorandum« in Gehirn und Geist

Im Dezember 2008 erschien in *Nature*, einem der führenden naturwissenschaftlichen Fachblätter, ein Artikel von Henry Greely und anderen bekannten Neuroethikerinnen und Neuroethikern wie etwa Michael Gazzaniga oder Martha J. Farah. Der Artikel basiert auf einem gemeinsamen Seminar, das die Autoren an der Rockefeller University in New York gehalten haben.[26] Ausgehend von dem Befund, die Einnahme aufmerksamkeitssteigernder Medikamente[27] habe unter Studenten in den vergangenen Jahren zugenommen – an manchen US-amerikanischen Universitäten verwenden angeblich insbesondere während der Examensvorbereitung bis zu 25 Prozent der Studenten Medikamente wie Methylphenidat (Handelsname: Ritalin) oder Amphetamine (etwa: Adderall) –, argumentieren die Autoren dafür, Enhancement nicht zu verteufeln, sondern den Umgang mit diesen Medikamenten zu regeln. Grundsätzlich sei gegen ihren Einsatz nichts einzuwenden, denn der Mensch habe schon immer seine Gehirnleistungen gesteigert, das bewiesen doch die Schrift oder das Internet. Der Großteil der Autoren sei schließlich Hochschullehrer, und als solche würden sie ja auch die Gehirne ihrer Studenten durch das Vermitteln von Informationen und Anregungen zum kreativen Denken verbessern. Daher sollten die aufmerksamkeitsteigernden und gedächtnisverbessernden Medikamente schlicht unter dieselbe generelle Kategorie subsumiert werden, zu der auch

26 H. Greely et al.: Towards responsible use of cognitive-enhancing drugs by the healthy.
27 Zu einem Überblick über die beim Neuro-Enhancement diskutierten Medikamente siehe H. Förstl: Neuroenhancement.

Erziehung, gesundheitsbewußtes Leben und Informationstechnologie gehören. Der Mensch sei eben das sich selbst verbessernde Lebewesen.

Auch wenn es durchaus Unterschiede zwischen diesen Formen der »Verbesserung« des Gehirns gebe, seien die genannten Medikamente doch in moralischer Hinsicht auf derselben Stufe wie vertrautere Maßnahmen wie Erziehung, Ernährung, Schlaf und Lesen, die unsere Gehirnfunktionen ebenfalls nachweislich steigern können. Das Argument des Textes läßt sich also in folgenden Syllogismus fassen: Viele Verbesserungen menschlicher Leistungen ziehen Veränderungen der neuronalen Strukturen nach sich. Die genannten Medikamente wirken auf die neuronalen Strukturen. Also sind sie prinzipiell von anderen Einwirkungen auf das Gehirn, etwa Erziehung und Lesen, nicht zu unterscheiden und daher ethisch nur hinsichtlich möglicher Schäden problematisch.

Nachdem sie eine Reihe von Bedenken und Einwänden gegen das Neuro-Enhancement vom Tisch gewischt haben – Fairneßüberlegungen, Verweise auf das »Unnatürliche« dieser Maßnahmen, Mißbrauchsgefahren –, beschäftigen sich die Autoren mit dem Problem, wie sich mögliche Schäden vermeiden lassen sowie mit den entsprechenden politischen Zielvorgaben. Doch auch wenn eine Ethik zwar in der Tat Ideen zur konkreten Schadensvermeidung liefern sollte, hat sie auch die Aufgabe, die potentiell schädigenden Formen der Selbsttechnisierung zunächst genau zu beschreiben und zu verstehen: Ist der Schaden durch diese medikamentösen Einwirkungen tatsächlich nur auf der physiologischen Ebene zu beobachten? Verlangt hier die Abmessung des Schadens nicht auch weiter reichende, auf die Lebensgestaltung bezogene Kriterien? Müssen wir uns nicht über die Motive für die »Selbstverbesserung« verständigen?

Als Schlußfolgerung ihrer Überlegungen halten die Autoren fest: Wir sollten neue Techniken, die unsere Gehirnleistungen verbessern, zunächst einmal begrüßen. Angesichts einer Welt, in der Menschen immer länger leben und arbeiten können, sei es im Prinzip eine gute Sache, wenn Medikamente zur Verfügung stehen, die unsere Produktivität steigern. Sind diese Medikamente sicher und effektiv, dann ist das zum Vorteil für das Individuum und für die Gesellschaft: »Safe and effective cognitive enhancers will benefit both the individual and society.«[28] Der Imperativ, den wir an die Entwickler und Anwender einer jeden Technologie zu richten haben, lautet auch hier: »We need to think and work hard to maximize its benefits and minimize its harms.«[29] Das klingt zwar vernünftig, doch tritt die Ethik hier als »ancilla technologiae« auf, als eine »Magd der Technologie« (wie es Franco Volpi in Nachbildung der klassischen Degradierung der Philosophie als »Magd der Theologie« in einem anderen Kontext ausgedrückt hat). Und auch wenn die Autoren zweifelsohne viele verantwortungsbewußte Vorschläge und Ideen haben, kann der ethische Gehalt ihres Imperativs von einer Komplizenschaft mit der pharmazeutischen Industrie nicht mehr klar unterschieden werden.

Ähnlich wie die amerikanischen Homines fabri argumentiert das Autorenkollektiv um den deutschen Ethiker Thorsten Galert. Als führende Expertinnen und Experten auf dem Gebiet des Neuro-Enhancement – darunter Bettina Schöne-Seifert, Reinhard Merkel und Davinia Talbot – haben die Autoren im November 2009 in der populärwissenschaftlichen Zeitschrift *Gehirn und Geist* ein »Memorandum« veröffentlicht, in dem sie die zentralen

---

28 H. Greely et al.: Towards responsible use of cognitive-enhancing drugs by the healthy, S. 705.
29 Ebd.

Thesen einer längeren Studie vorstellen.[30] Sie argumentieren, es gebe keine guten Gründe für ein Verbot von Neuro-Enhancement-Präparaten, weil es zu unseren gesellschaftlichen Grundüberzeugungen gehöre, jeden entscheidungsfähigen Menschen »über sein Wohlergehen, seinen Körper und seine Psyche selbst bestimmen« zu lassen. Begründungsbedürftig sei daher nicht die Freiheit, jene Präparate zu nehmen – begründungsbedürftig seien vielmehr die Einschränkungen dieser Freiheit.[31] Ein striktes Verbot von Enhancement-Maßnahmen sei mit Blick auf die Prinzipien unseres Rechtssystems nicht möglich. Dies ist eine klare Position. Fraglich ist jedoch, ob Rolle und Funktion der Ethik mit der Fundierung rechtlicher Regelungen ausreichend bestimmt ist. Denn auch wenn die Ethik zweifelsohne ein rechtsstaatliches Selbstverständigungsinstrument ist, hat sie doch auch die Funktion einer kritischen Verständigung über Handlungsgründe überhaupt. Auch wenn man gegenüber einem gesetzlichen Verbot der Präparate skeptisch ist, kann man dennoch gute Gründe haben, sich nicht chemisch »verbessern« zu wollen. Die ethische Reflexion über die Güte der Lebensführung hat mit rechtlichen Regelungen erst einmal nichts zu tun. Diese Verengung des Blickwinkels führt in dem Text zu einigen kuriosen Argumenten.

Aus Angst vor einer staatlichen Überregulierung plädieren die deutschen Homines fabri für eine Enttabuisierung des Neuro-Enhancement. Dabei versuchen sie einerseits, Einwände gegen solche Medikamente und Verfahren zu entkräften, und sammeln andererseits die Vorteile, die das Enhancement haben könnte:

»Nehmen Sie einmal an, jemand habe Minderwertigkeitsgefühle, weil er in Folge einer leichten, nicht krankhaften Konzentrationsschwäche hinter seinen geistigen Möglichkeiten

30 Th. Galert et al.: Das optimierte Gehirn.
31 Ebd., S. 3.

zurückbleibt. Würde ihm ein NEP [ein pharmazeutisches Neuro-Enhancement-Präparat, O. M.] zu größeren Erfolgserlebnissen bei der Bewältigung kognitiver Aufgaben verhelfen und auf diese Weise sein Selbstbewußtsein stabilisieren, so könnte man diese pharmazeutisch unterstützte Persönlichkeitsveränderung kaum anders als positiv bewerten.«[32]

Diese Einschätzung spornt sie zu einer gewissen Philanthropie an: »Der melancholische Dichter kann doch ruhig einmal ausprobieren, wie es wäre, weniger schwermütig zu sein.«[33] Der imaginierte Dichter könne ja die betreffenden Medikamente jederzeit wieder absetzen, falls die Qualität seiner Gedichte nachlassen sollte. Und wenn er sich entscheide, doch auf die Enhancement-Präparate zurückzugreifen, dann konzedieren die Autoren:

»Gewiss: Sollten alle melancholischen Poeten es zukünftig vorziehen, Antidepressiva zu nehmen, so würde die Welt ärmer an schwermütigen Gedichten. Das zu beklagen, fällt freilich denen am leichtesten, die gut reden haben – weil sie die Leiden, aus denen die Dichtkunst anderer mitunter entsteht, nicht selbst erleben.«[34]

Abgesehen von dieser merkwürdigen Moralisierung, finden sich in dem Text Argumentationsstrategien, die durchaus unfair zu nennen sind. Um nur ein Beispiel hierfür zu nennen: Die Autoren behaupten, die Gegner des Enhancement gerieten notwendigerweise in ein ethisches Dilemma, denn mit der Ablehnung solcher Maßnahmen müsse man gleichzeitig soziale Ungleichheiten akzeptieren, da die Enhancement-Präparate solche Ungleichheiten ja korrigieren könnten. Dieses Dilemma ist völlig konstruiert (daß man auf diese Weise soziale Ungleichheiten verringern

32 Ebd.
33 Ebd., S. 5.
34 Ebd.

könnte, ist weder erwiesen noch plausibel) und insinuiert außerdem eine gewisse Hartherzigkeit bei den »Gegnern« von Galert und seinen Mitstreitern.

Das größte Problem der Argumentation liegt aber darin, daß die Autoren in ihrer Enttabuisierungsabsicht eine ganz bestimmte Deutung des Enhancement nahelegen bei gleichzeitiger Diagnose eines »negativen Menschenbildes« auf der Gegenseite.[35] Enhancement stelle eine Form der kreativen Selbstgestaltung, der beruflichen und sozialen Verbesserung dar. Diese Verbesserungsabsicht sei im Menschsein selbst angelegt, und so entstünden Bedürfnisse, auf die die pharmazeutische Industrie gnädigerweise reagiere. Diese Interpretation kommt jedoch einer Verzerrung der Realität gleich. Viele Maßnahmen mögen auf kreative Entfaltung ausgerichtet sein und damit einem ehrenwerten anthropologischen Grundimpetus entsprechen – das hier diskutierte Enhancement dient aber, richtig analysiert, sicherlich vor allem der chemisch unterstützten Selbstanpassung an Ökonomisierungs- und Technisierungsprozesse. Man mag gegen das Verbot von Enhancement-Präparaten sein, doch die Redlichkeit der ethischen Argumentation verlangt es, sich klarzumachen, was Enhancement in seinem Kern bedeutet: eine individuelle pharmakologische Nachbesserung angesichts leistungsgesellschaftlich induzierter Unzulänglichkeiten.

Die Debatte um das Enhancement und um das Neuro-Enhancement im besonderen tobt seit etwa zehn Jahren.[36] Die Ausgangsfrage lautet: Dürfen medizinische Mittel über die Therapie

35 Ebd., S. 12.
36 E. Parens (Hg.): Enhancing human traits; D. DeGrazia: Prozac, enhancement, and self-creation; D. Lanzerath: Enhancement: Form der Vervollkommnung des Menschen durch Medikalisierung der Lebenswelt?; J. S. Ach, A. Pollmann (Hg.): No body is perfect; B. Schöne-Seifert et al. (Hg.): Neuro-Enhancement. Ethik vor neuen Herausforderungen; Presi-

hinaus zu individuellen oder kollektiven »Verbesserungen« verwendet werden? Ist in der Medizin ein Paradigmenwechsel von der *restitutio ad integrum* zur *transformatio ad optimum* festzustellen?[37] Dabei beschäftigt sich die Medizin- und Bioethik zu einem Teil mit dem Versuch, Therapie und Enhancement begrifflich genau zu unterscheiden und trotz der konzeptuellen Schwierigkeiten dieser Unterscheidung Kriterien für die Einschätzung von Enhancement-Maßnahmen zu finden.

Was in der Debatte zu kurz kommt, ist die Frage, wie sich Selbstverständnis und Selbstverhältnis durch die »optimierenden« Interventionen ändern. Welche Identitätsstörungen und Dissonanzen kann es nach sich ziehen, wenn man sein Selbst neurotechnologisch an ein Idealbild anzupassen sucht? Die Dimension solcher Fragen läßt sich mit einem gedankenspielerischen Schlenker zu Stanisław Lem verdeutlichen. Lem hat 1964 in seiner *Summa technologiae* das neurotechnologische Enhancement unter dem Stichwort der »Cerebromatik« diskutiert.[38] »Kann man, kurz gesagt«, fragt Lem, »das Gehirn von Herrn Smith derart ›abändern‹, daß er, wenn auch nur zeitweise, ein ›echter‹ Napoleon Bonaparte wird oder daß er eine unbestreitbare und überragende musikalische Begabung zeigt, oder daß er schließlich zu einem Feueranbeter wird, der von der Notwendigkeit dieses Kultes überzeugt ist?«[39] Im Gegensatz zur medialen Einflußnahme und Manipulation des Gehirns scheint ihm die »Formung der Seele«, die »Gestaltung ihrer neuronalen Grundlage« etwas völlig anderes zu sein.[40] Lem findet die »cerebromatischen« Möglichkeiten

    dent's Council on Bioethics: Beyond Therapy; M. J. Sandel: Plädoyer gegen die Perfektion.

37 Siehe U. Wiesing: Zur Geschichte der Verbesserung des Menschen.
38 S. Lem: Summa technologiae, S. 354 ff.
39 Ebd., S. 354.
40 Ebd., S. 356.

unheimlich, auch und gerade wenn die Cerebromatik auf einen originären Wunsch nach Selbstverbesserung reagiert, den Herr Smith in seinen Napoleon- oder Beethoven-Träumen artikuliert: »Entsprechend kann es sein, daß die ›Abänderungen‹, die aus Herrn Smith einen Napoleon oder einen Newton machen sollen, uns im Endeffekt eine völlig neue Persönlichkeit liefern, die mit der früheren nur noch so lose zusammenhängt, daß man im Grunde von Mord sprechen muß. Ein Mensch wird vernichtet und in seiner früheren Haut ein neuer geschaffen. Angesichts der fließenden Übergänge läßt sich nicht genau festlegen, wo die ›mörderische Cerebromatik‹ anfängt und eine Cerebromatik aufhört, die ›gewisse Merkmale der fortgeführten Persönlichkeit umgestaltet‹ [...]. Deshalb ist der Cerebromatiker, der Herrn Smith in winzigen Schrittchen in einen Beethoven abändern möchte, genauso gefährlich wie der, welcher diese Veränderung auf einen Schlag durchführen will [...]. Welche Abweichungen dieses Verlaufs man als eine totale Persönlichkeitsveränderung aufzufassen hat und welche lediglich als ›Korrekturen‹ an der Persönlichkeit, die deren fortdauernde Identität nicht berühren, ist eine willkürlich zu entscheidende Frage, die also ganz auf Konvention beruht. Die ›Cerebromatik‹ kann, mit anderen Worten, Menschen unbemerkt umbringen, da statt einer Leiche, die als Beweis des begangenen Verbrechens dienen würde, ein anderer Mensch entsteht.«[41]
Auf den ersten Blick scheint es überspannt, das Enhancement-Problem mit dem literarischen Motiv und kriminalistischen Ideal des »Mordes ohne Leiche« in Verbindung zu bringen. Doch ist es andererseits nicht berechtigt, die Frage nach der Identität so drastisch zu stellen? Denn wie wollen wir uns selbst verstehen? Wer-

41 Ebd., S. 360 ff.

den die Enhancement-Technologien nicht durch Stereotypen individueller Perfektion motiviert – der quicke Manager, die smarte Akademikerin –, über die man sich verständigen sollte? Könnte es am Ende nicht doch so sein, daß wir uns eine Selbstersetzung wünschen, die an die Roboterfrauen in dem Film *Stepford Wives* (1975 bzw. 2004) erinnert?

In *Intervening in the Brain*, einem aktuellen Buch zu Neurotechnologien, das von einem Autorenkollektiv um Reinhard Merkel vorgelegt wurde (zu dem übrigens auch Thorsten Galert gehört), wird völlig zu Recht postuliert, daß die ethische Reflexion gerade für subtile Veränderungen sensibel sein sollte.[42] Doch wir bedürfen zunächst eines Sensoriums oder – um es in einer technischen Metapher auszudrücken – eines Seismographen, mit dem wir solche subtilen Veränderungen überhaupt registrieren können. Das Vokabular zur Registrierung der Veränderung unseres Selbstseins in der technischen Welt muß aus der genauen Beschreibung des »Wesens« von Technisierungsprozessen gewonnen werden.

42 R. Merkel et al.: Intervening in the Brain.

2 Der Charakter von Technisierungsprozessen

Dilemmata, Mißverständnisse, Fehlschlüsse

Will man Bedeutung, Wert und Schadenspotential einer Technologie einschätzen, muß man die Prozesse verstehen, aus denen neue Verfahren und Apparate hervorgehen. Wer solche Prozesse verstehen will, ist jedoch mit einigen Schwierigkeiten konfrontiert. Offenbar reicht es nämlich nicht aus, einzelne Technologien zu beschreiben, man bekommt es vielmehr mit umfassenderen und abstrakteren Strukturzusammenhängen und Entwicklungen zu tun, die man häufig als »Technisierung der Lebenswelt«, »technologische Zivilisation« oder »technische Rationalität« bezeichnet.

Insofern ist es aus zwei Gründen wenig aussichtsreich, eine Technologie isoliert zu betrachten. *Erstens* wird ihre Funktion erst im Kontext anderer Technologien und aus ihrer Geschichte, dem ihrer Entwicklung zugrunde liegenden »Telos« verständlich. Man kann die Logik hinter einer Technologie erst begreifen, wenn man auch frühere Stufen kennt. Wenn die tiefen Eingriffe ins menschliche Leben, die mit medizintechnologischen Maßnahmen einhergehen, bisweilen Unbehagen auslösen, dann liegt das oft daran, daß wir ihre »Vorgeschichte« und damit ihren »Sinn« nicht kennen. Wenn wir jedoch über diese informiert sind, scheint es oft, als sei der jeweils nächste technologische Schritt kaum vermeidbar. Das gilt insbesondere für intensivmedizinische Maßnahmen: Zwar gehen diese vielen Menschen intuitiv zu weit, da sie mit Erfahrungen existentiellen Leids verbunden sind und sie tiefgreifende Ängste provozieren, wie die Debatte um die Patientenverfügung zeigt. Dennoch würden wohl die wenigsten Menschen auf diese Möglichkeiten verzichten, sollten sie oder ihre Angehörigen jemals in eine entsprechende Situation kommen. Damit ist eines der Dilemmata umrissen, die durch die Technisierung der Lebenswelt entstehen können.

Die Beschäftigung mit der inneren Logik technologischer Entwicklungen erweckt oft den Eindruck, als erzwinge eine Innovation die nächste, als handle es sich dabei um einen Prozeß, der sich nicht politisch oder ethisch steuern läßt. Gerade deshalb gehört das kritische Verständnis derartiger Strukturphänomene sowie interner Dynamiken und Logiken zur philosophischen Betrachtung von Technisierungsprozessen dazu. Die Welt der Technik bleibe stumm, schreibt Cassirer in seinem Aufsatz »Form und Technik«, wenn man sie nur unter dem Gesichtspunkt einzelner technischer Werke betrachtet. Sie erschließe sich erst, gebe ihr Geheimnis nur dann preis, »wenn man [...] von der forma formata zur forma formans, vom Gewordenen zum Prinzip des Werdens zurückgeht«.[1]

Zweitens repräsentiert jede Technologie einen bestimmten Stand des menschlichen Handlungs- und Entscheidungsvermögens. Jede Innovation eröffnet somit neue Optionen und unterbindet andere. Technisierungsprozesse sind insofern immer auch Standardisierungsprozesse. Neue Apparate oder Verfahren gehören plötzlich zum Standardrepertoire und geben damit die Bandbreite unseres Handelns und die Rahmenbedingungen von Entscheidungen vor. Die Technik wird zu unserer Welt, wenn man unter »Welt« den Horizont versteht, vor dem wir die Dinge und uns selbst begreifen und vor dessen Hintergrund wir handeln.

Weil jede einzelne Technologie auf ein strukturelles oder ontologisches Mehr verweist, muß man untersuchen, worin dieses

1 E. Cassirer: Form und Technik, S. 142.

Mehr besteht. Heidegger war nicht der erste, der der Technik den Rang einer metaphysischen Größe zugewiesen hat. Schon Hans Freyer fragte sich 1929, »wie ein System von bloßen Mitteln derart schicksalsbestimmend, menschenverwandelnd, geschichtsbildend wirken kann«,[2] und versuchte mit dieser Formulierung, eine weitverbreitete Vorstellung über den Einfluß der Technik auf das menschliche Leben auf den Punkt zu bringen. Wollen wir Technisierungsprozesse verstehen, müssen wir die Spannung zwischen der Tatsache, daß der Mensch einerseits die Technik hervorbringt, die Technik also ein menschliches Produkt ist, und dem Umstand erklären, daß er sie zugleich als zerstörerisch, entfremdend, ja als dem Menschen quasi autonom gegenübertretend erleben kann. Die Technik ist die ureigene Domäne des Menschen, sie ist der Grund seines Selbstbewußtseins, seiner Freiheit und seines Stolzes. Sie kann einerseits elementare Bedürfnisse befriedigen und exquisite Wünsche erfüllen, gleichzeitig begrenzt sie jedoch unseren Handlungsspielraum und schafft neue Bedürfnisse, die uns zunächst als fremd und künstlich erscheinen mögen.

Daher kann die Technik in keinerlei Hinsicht als »neutral« gelten. Oft wird gesagt, man könne sie zu guten oder schlechten Zwecken einsetzen, mit dem Hammer einen Nagel in die Wand schlagen oder jemanden töten, aus Eisen Pflugschare oder Schwerter produzieren, die Hochtechnologie zum Wohle oder zur Zerstörung der Menschheit einsetzen. »Technik«, schreibt Karl Jaspers in diesem Zusammenhang, »ist nur Mittel, an sich weder gut noch böse. Es kommt darauf an, was der Mensch daraus macht, zu was sie ihm dient, unter welche Bedingungen er sie stellt.«[3] Sachlich ist diese Aussage, genaugenommen, nicht ganz richtig.

2 H. Freyer: Zur Philosophie der Technik, S. 196.
3 K. Jaspers: Vom Ursprung und Ziel der Geschichte, S. 161.

Eine Technik stellt, ich habe darauf hingewiesen, immer bestimmte Optionen bereit und prädeterminiert so spätere Entscheidungen. Ein Geschütz, ein Panzer oder eine Rakete muß nicht eingesetzt werden, um strategische Planungen zu beeinflussen. Allein ihre Existenz gibt den Plänen eine bestimmte Richtung. Ähnliches gilt im Kontext der Medizin, auch hier legt das zur Verfügung stehende technologische Instrumentarium ein Stück weit die konkreten Handlungen des Arztes (und des Patienten) fest.

Man begeht also einen *isolationistischen Fehlschluß*, wenn man eine Technologie isoliert vom Kontext ihrer Entwicklungsgeschichte, ihrer Logik und den spezifischen Handlungsoptionen betrachtet, die sie bereitstellt. Wenn eine bestimmte Technologie Handlungsoptionen möglich macht, ist sie nicht mehr neutral, sondern impliziert einen durch sie erst möglichen Verfügungsrahmen. Der italienische Philosoph Umberto Galimberti widerspricht insofern Karl Jaspers, wenn er den Glauben, die Technik verschaffe »uns nur die Mittel [...], die dann die Menschen zum Guten oder Bösen einsetzen«, als »Märchen der neutralen Technik« bezeichnet.[4]

Man muß Jaspers allerdings zugute halten, daß seine Aussage eine ethische Bedeutung hat: Er will einer bis heute weitverbreiteten technikfatalistischen Haltung entgegentreten und die Handlungsspielräume des Menschen gegenüber der Technik betonen. Geht man davon aus, daß die Technik unser Verhalten determiniert, kapituliert man angesichts eines Fortschrittes, der angeblich ohnehin nicht aufzuhalten ist, da sowieso alles technisch Mögliche irgendwann gemacht werde. In diesem Fall unterläuft einem ein anderer Fehlschluß, den man den *fatalistischen*

4 U. Galimberti: Die Technik und das Wesen des Menschen im 21. Jahrhundert, S. 12.

Fehlschluß nennen könnte. Daß die Technik in vielerlei Hinsicht unsere Welt konstituiert, läßt keinesfalls den Schluß zu, es gebe keine Alternativen, was der resignative Gestus des »wenn man es selbst nicht macht, machen es eben die anderen« impliziert.

Ein solcher »technologischer Determinismus«[5] wurde immer wieder ins Spiel gebracht, am pointiertesten von Helmut Schelsky, der die technischen »Sachzwänge« als konstituierend für die moderne Gesellschaft identifiziert hatte,[6] eine These, der Jürgen Habermas mit Verweis auf die symbolvermittelte Interaktion widersprach.[7] Abgesehen davon, daß schon im Bereich der Natur jede Rede von Determinismen mit großen philosophischen Problemen verbunden ist (man denke nur an den Laplaceschen Dämon),[8] hat bereits Hannah Arendt zu Recht auf die Gefahr hingewiesen, den »archimedischen Punkt« der Welterklärung in so großer Distanz zu unserer Lebenswirklichkeit anzusetzen, daß alle unsere individuellen Tätigkeiten nur noch als anonyme Prozesse beschreibbar sind.[9] Der technologische Determinismus verabsolutiert eine Ebene, die bloß der Beschreibung dient. Er setzt sie aus epistemologischer Sorge um die Meßbarkeit der Welt an die Stelle der Wirklichkeit. Auch wenn es uns, sicher nicht ganz zu Unrecht, so vorkommt, als bestehe unsere Welt aus einem intransparenten Geflecht aus Wirtschaft und Politik, in dem dubiose, aber marktgängige Technologien entwickelt und produziert werden, dann ist das noch kein Beweis dafür, daß es prinzipiell keine Alternativen gibt. Die Kanalisierung unseres Entscheidungsrepertoires und unserer Handlungsoptionen beengt

5 Siehe dazu J. Rohbeck: Technologische Urteilskraft, S. 11.
6 H. Schelsky: Der Mensch in der wissenschaftlichen Zivilisation.
7 J. Habermas: Technik und Wissenschaft als »Ideologie«. Siehe dazu P. Fischer: Philosophie der Technik, S. 161 ff.
8 Siehe jüngst dazu überzeugend G. Keil: Willensfreiheit.
9 H. Arendt: Vita activa, S. 315.

uns zwar in Einzelfällen, macht uns aber nicht auf einer prinzipiellen Ebene unfrei. Das heißt: Wir können uns auch in einer technischen Zivilisation in einem gehaltvollen Sinne über unsere Handlungsgründe verständigen.

Im Hinblick auf Technisierungsprozesse geht es nicht nur um das Anhäufen von Apparaten oder die Frage, wie umfangreich das Repertoire der zur Verfügung stehenden Technologien ist. Sie sind vielmehr dadurch charakterisiert, daß sich mit diesen Techniken bestimmte Formen der Rationalität ebenso etablieren wie der Rahmen, innerhalb dessen wir handeln können. Und dies hat wiederum Auswirkungen auf unser Bild von uns selbst. Doch was ist unser Selbst? Und in welcher Weise wird dieses Selbst von der Technik verändert oder durch Technik hervorgebracht?

Über diese Frage möchte ich im folgenden – ausgehend von zwei Vermutungen – weiter nachdenken. *Erstens: Der Natur-Technik-Gegensatz stößt an seine Grenzen; seine fundamentale Orientierungsfunktion muß neu bestimmt werden.* Wo es um die Einschätzung von Technologien wie BMIs geht, hat diese Opposition zwar eine heuristische Nützlichkeit, doch bringt sie in normativer Hinsicht Probleme mit sich. An die Stelle des bloßen Verweises auf die Unnatürlichkeit der Technik müssen Kriterien treten, die dem Technischen als Teil unseres Selbst Rechnung tragen. Wir bedürfen eines Modells, in dem das Natürliche nicht in Gegensatz zum Technischen tritt, sondern in dem aus dem Natürlichen Maßstäbe für eine Orientierungsfunktion generiert werden, auf die wir in der ethischen Selbstverständigung kaum verzichten können, da sie Kriterien für den Umgang mit der Technik bereitstellt und uns hilft, neue Verfahren und Apparate in unser Leben zu integrieren.

Zweitens: Die einst selbstverständliche Unterscheidung von Handeln und Herstellen, von Praxis und Technik ist heute alles andere als

*klar und dient der ethischen Bewertung der Technik nur noch in ein-
geschränktem Maße.* Da Handeln in modernen Gesellschaften in
hochkomplexen technologischen Zusammenhängen stattfindet,
läßt sich im Hinblick auf den Einsatz zum Beispiel eines bestimmten medizinischen Geräts nicht länger trennscharf zwischen Herstellen und Handeln unterscheiden, wir bewegen uns
vielmehr in einem Raum des Sowohl-Als-auch. Um es paradoxal
auszudrücken: Wenn ein Arzt pränatalmedizinische Techniken
anwendet, dann greift er nicht bloß auf eine Technik zurück –
dann handelt er. Ein Handlungsziel ist in den meisten Fällen mit
dem Wissen um die konkreten Mittel zur Erreichung dieses Zieles verknüpft. Die Realisierung des Zieles verlangt einen kom-
petenten Umgang mit den (technischen) Mitteln; die instrumentelle Vernunft hat also in vielen Handlungskontexten große
Bedeutung. Dabei können die Mittel kurz- und mittelfristige
Zielsetzungen generieren, die auf das eigentliche Handlungsziel
hinführen: So ist beispielsweise die dauerhafte Heilung eines
Patienten das mutmaßliche Ziel des Arztes. Im konkreten Klinik-
alltag geht es dann aber möglicherweise zunächst um die Stabili-
sierung eines bestimmten Zustandes – ein Ziel, das nur im Rahmen einer Reflexion über die zur Verfügung stehenden medi-
zintechnischen Mittel verfolgt werden kann. Das Beispiel zeigt,
daß sich die dichotomische Unterscheidung, die auch Hannah
Arendt vorgenommen hat, in der Praxis nicht ohne weiteres auf-
rechterhalten läßt.

Wegen der Nähe der Technik zum Handeln auf der einen und
zu bestimmten Formen des Wissens auf der anderen Seite – davon wird noch die Rede sein – sind Technisierungsprozesse eng
mit unserem Selbstverständnis als Menschen verknüpft. Nach einer ersten begrifflichen Differenzierung möchte ich daher ein
philosophisch-anthropologisches Modell vorstellen, das neben

der Reflexion über die *conditio humana* den historisch und kulturell variablen Rahmen der Selbstdeutung und Selbstauslegung zum Thema hat, der auf den Menschen als selbstdeutendes Wesen zurückwirkt. Dies hat ethische Konsequenzen: [Denn der Mensch ist das einzige Seiende, das durch die Erkenntnis, was es ist, gleichzeitig verändert wird.[10]

Begriffliche Differenzierungen:
Technik, Technologie, Technisierung, Technokratie

Die Schwierigkeiten des Technikbegriffs liegen darin, daß er sowohl konkrete Maschinen und Technologien umfaßt als auch eine bestimmte Kompetenz, eine Verfahrensrationalität. Schließlich verlangt jede Technologie einen halbwegs sachgerechten Umgang, wobei das Verfahrenskalkül selbst wiederum der Anlaß für die Entwicklung neuer Technologien sein kann. Darüber hinaus steht der Begriff der Technik auch für Formen der gesellschaftlichen Organisation oder, wie gesehen, für eine bestimmte Verfaßtheit unserer Welt und unserer Denkweisen. Letzteres nennt Vittorio Hösle »technische forma mentis«.[11] Angesichts dieser Schwierigkeiten notiert Hans Blumenberg, der Begriff rufe zwar eine kaum systematisierbare »bunte Vorstellungsreihe« von Apparaten, Vehikeln, Antriebs- und Speicherungsaggregaten, Instrumenten manueller und automatischer Funktion, Leitungen, Schaltern, Signalen usw. ins Bewußtsein, trotzdem könne man nicht auf ihn verzichten.[12]

10 M. Landmann: Philosophische Anthropologie, S. 9.
11 V. Hösle: Warum ist die Technik ein philosophisches Schlüsselproblem geworden?, S. 90.
12 H. Blumenberg: Lebenswelt und Technisierung, S. 10.

Unter die Kategorie Technik fallen so unterschiedliche Dinge wie Hochtechnologie oder Bürokratie, aber auch Selbst- und künstlerische Techniken wie etwa die Meditation oder das Geigenspiel. Neben der Produktion von Artefakten scheint auch der erlernbare, zielgerichtete Umgang mit bestimmten Fähigkeiten ein Merkmal von Technik zu sein. Man kann nicht nur virtuos Geige spielen, man kann auch in virtuoser Weise über technische Instrumente nachdenken: Nicht umsonst stammt unser Begriff Ingenieur vom Lateinischen *ingenium* (Begabung, Intelligenz, Talent), auch die Ingenieurskunst bietet folglich kreative Potentiale. Techniken sind anwendungsorientierte Formen des Wissens und nicht kategorial von wissenschaftlichen und künstlerischen Wissensformen zu unterscheiden.

Sprechen wir dezidiert von »der Technik« im Singular, dann reduzieren sich die Bereiche, die man dabei im Blick hat: Dieser Begriff bezeichnet die Gesamtheit der maschinellen und industriellen Technologien, also Produkte, die zur Herstellung von Waren, zur Verarbeitung von Rohstoffen, aber auch, man denke an Medizintechnologien, in anderen spezialisierten Kontexten eingesetzt werden. Wenn von »der Technik« im Singular die Rede ist, gilt es immer zu fragen: Ist das überhaupt eine angemessene Redeweise, wird hier nicht unrechtmäßig hypostasiert? Diese Gefahr besteht zwar in der Tat, doch ist es ein Charakteristikum von Technik, daß der Begriff immer mehr meint als eine Ansammlung von Maschinen. Ohne die Redeweise von »der Technik« könnte man sich kaum über den Charakter der technischen Zivilisation verständigen oder die anthropologischen und ontologischen Dimensionen der Technik benennen: Die Technik kann tatsächlich zu unserer »Welt« werden.

»Technologie« dagegen bezeichnet im engeren Sinne alle industriellen und maschinellen Verfahren, mit denen Menschen auf die Welt einwirken, sie verändern und gestalten. Im 19. Jahrhundert wurde für diesen neuen Typus industrieller Produktionstechnologien noch der Begriff »Maschinentechnik« verwendet.

Unter dem Begriff der »Technisierung« will ich schließlich einen Prozeß der Veränderung von Selbst und Gesellschaft durch Technologien verstehen. Allerdings können auch Formen der Bürokratisierung, die sich am Ideal der Funktionalität und Effizienz orientieren, als Technisierung interpretiert werden. In kritischer Absicht wird unter »Technokratie« eine skeptisch beobachtete Reduktionstendenz in politischen und gesellschaftlichen Entscheidungsprozessen bezeichnet – meist vor dem Hintergrund der Vermutung einer Art *translatio imperii*, in deren Rahmen vertraute politische oder moralische Rationalitätstypen durch rein sachgesetzliche Programme ersetzt werden.[13] Wie sich Bürokratie, Wirtschaft, Recht und Technik vermischen, hat Tom Tykwer in seinem Kurzfilm »Der Mensch im Ding«, einem Beitrag zu Alexander Kluges Marx-Eisenstein-Projekt *Nachrichten aus der ideologischen Antike*, gezeigt, in dem er der Normierung und Verrechtlichung der Dinge nachspürt, die uns im Alltag umgeben.[14] Vor dem Hintergrund einer gewöhnlichen Häuserfront geraten hier nach und nach die Dinge in den Blick, die uns selbstverständlich umgeben. Aus einem Stimmengewirr der Informationen und Regeln für die Verwendung der technischen Produkte werden wir über die Geschichte des Türschlosses, die typische Befestigung von Straßenschildern oder über die Normen der Gas- und Wasserversorgung informiert. Da es für die meisten Produkte strenge Gebrauchsanweisungen gibt, sind Technisierungsprozesse häufig begleitet von Bürokratisierungsprozessen.

13 H. Schelsky: Der Mensch in der wissenschaftlichen Zivilisation.
14 A. Kluge: Nachrichten aus der ideologischen Antike. Marx – Eisenstein – Das Kapital.

Wenn man über Technisierungsprozesse redet, dann muß man auch über deren Internalisierung reden. Schon Friedrich Nietzsche hatte mit Blick auf Kriegsführung und Parteiorganisationen die Tendenz zur technokratischen Organisation gesellschaftlicher Subsysteme in *Menschliches, Allzumenschliches II* thematisiert: Die Maschine fungiere als »Lehrerin«, denn sie mache »aus Vielen eine Maschine, und aus jedem Einzelnen ein Werkzeug«.[15] Damit benennt er nicht nur die Ausrichtung an der Funktionsweise der Maschine als eine Quelle technokratischer Gesellschaftsorganisation, sondern auch die Auswirkungen auf Denkformen und Persönlichkeitsbildungen; an anderer Stelle hat Nietzsche entsprechend von einer »Maschinen-Tugend« gesprochen, die ihre Richtwerte der »Nutzbarkeit« und der »Unfehlbarkeit« der Maschine entlehnt.[16] Ein Beispiel dafür ist die Redeweise, eine Person habe zu »funktionieren«; in solchen Fällen sedimentieren sich Technisierungsprozesse in der Alltagssprache.

Insgesamt kann man mit Armin Grunwald, Christoph Hubig und Andreas Luckner festhalten, daß Technisierung als Reflexionsbegriff fungiert, mit dem Menschen sich über den generellen Charakter jener Rationalisierungen verständigen können.[17] Und Hans Blumenberg hat betont, man könne zwar, eine gewisse begriffliche Genügsamkeit vorausgesetzt, Technisierung als die ständige Vermehrung und Verdichtung der technisch-maschinellen Dingwelt definieren, damit entginge einem aber das für anthropologische Selbstverständigungsprozesse eigentlich Bedeutsame.[18]

15 F. Nietzsche: Menschliches, Allzumenschliches II, S. 653.
16 F. Nietzsche: Nachgelassene Fragmente 1885-87, S. 459 f.
17 A. Grunwald, Y. Juillard: Technik als Reflexionsbegriff; A. Luckner, C. Hubig: Natur, Kultur und Technik als Reflexionsbegriffe; C. Hubig: Die Kunst des Möglichen I.
18 H. Blumenberg: Lebenswelt und Technisierung, S. 10.

Die anthropologischen und historischen Grundlagen der Technisierung

Techniken und Technologien gibt es also in vielfältigen Formen, sie umgeben uns und bestimmen unseren Alltag. Wenn es darum geht, Ursachen und Rahmenbedingungen zu erhellen, aus denen Techniken und damit Technisierungsprozesse überhaupt entstehen, dann scheint zunächst festzustehen, daß Technik in gewisser Weise etwas spezifisch Menschliches ist. Tiere mögen instinktiv oder zielgerichtet Instrumente einsetzen, doch ab einem bestimmten Niveau ist die Technik Angelegenheit des Menschen. Um zu erklären, wie Technisierungsprozesse in Gang kommen, muß man zwei zusammenhängende Perspektiven unterscheiden: Zum einen haben sie ihren Ursprung in anthropologischen Grundsituationen, zum anderen transformieren sie sich aber in und erhalten ihre spezifische Dynamik aus kulturell-geschichtlichen Konstellationen, die mit fundamentalen Änderungen und Neujustierungen von Welt- und Selbstbildern zu tun haben.

1. Zum Verhältnis von Menschsein und Technik

Nach einem seit Protagoras bekannten wie beliebten und immer wieder erneuerten Theorem haben die Menschen Kultur und Technik entwickelt, um ihre gattungsspezifischen Mängel zu kompensieren.[19] So hat Helmuth Plessner aus den anthropologischen Grundgesetzen der »natürlichen Künstlichkeit« und der »vermittelten Unmittelbarkeit« die menschliche Kulturentwicklung erklärt.[20] Und bei Arnold Gehlen wurde die Entlastungs-

19 A. Gehlen: Der Mensch. Seine Natur und seine Stellung in der Welt.
20 H. Plessner: Die Stufen des Organischen und der Mensch.

funktion zu einem Kerntheorem zur Erklärung der Technik: Der Mensch bedarf seiner Natur nach der Kultur und der Technik.[21]

Doch auch wenn es stimmen mag, daß der Mensch sich über die organische Anpassung an die natürliche Umwelt hinaus seine Überlebensbedingungen selbst schaffen muß und wenn er in den »Daseinsmodus der Selbstbehauptung und Selbstproduktion seiner Lebensbedingungen hineingezwungen« ist und daher zum Techniker wird, wie Blumenberg sagt,[22] greift die Kompensationstheorie in vieler Hinsicht zu kurz.

Erstens: Jede Diagnose eines Mangels bedarf eines Vergleichswertes. Die Theorie vom Mängelwesen bezieht sich auf die biologische Ausstattung des Menschen. Der Mensch baut jedoch keine Autos oder Flugzeuge, weil er sich im Vergleich zu Geparden oder Vögeln als mangelhaft empfindet, sondern er produziert solche Verkehrsmittel, um im Vergleich zu menschlichen Konkurrenten leistungsfähiger zu sein. Auch wenn der Mensch ganz fundamental der Technik bedarf, um sich seine Welt zu erzeugen, lassen sich die technischen Prozesse weniger durch Mängelkompensationen als vielmehr durch konkurrenzbedingtes Steigerungsverhalten erklären. Hierfür ist der Überbietungsgestus, der der Entwicklung von Waffentechnologien eigen ist, nicht das einzige Beispiel: Auch die Studenten, die auf leistungssteigernde Präparate zurückgreifen, stellen ihr mangelndes Leistungsvermögen nicht in einem biologisch-anthropologischen Sinn fest, sondern im konkreten Vergleich mit ihren Kommilitonen.

Zweitens: Die Dynamik der Technisierungsprozesse in einer Zivilisation dient in vielerlei Hinsicht nicht der Kompensation

21 A. Gehlen: Der Mensch und die Technik.
22 H. Blumenberg: Das Verhältnis von Natur und Technik als philosophisches Problem, S. 462.

biologischer Mängel, sondern stellt einen Versuch dar, eine temporale Mangelsituation, die Endlichkeit des menschlichen Daseins zu kompensieren; der Mensch ist ein »Zeitmangelwesen« (Odo Marquard). Aufgrund der Begrenztheit unseres Lebens wird uns die Zeit kostbar, und wir versuchen, Zeit zu sparen. Allerdings haben Technisierungsprozesse in diesem Bereich mitunter paradoxe Folgen, da die Technik die Erfahrung des Zeitmangels durch die Generierung von Akzelerationsstrukturen auch selbst hervorruft.

Drittens: Die menschlichen Mängel werden oftmals erst im Vergleich mit Maschinen sichtbar. Das heißt: Die Kompensationsleistungen – wie etwa die Anpassung der eigenen Zeitdisposition an die Anforderungen der beschleunigten Moderne oder die Adaptation natürlicher Funktionen an medizintechnologische Vorgaben – kann man auch als eine Kompensationsforderung interpretieren, die die Technik selbst induziert. Damit ist das Phänomen umrissen, das Günther Anders als »prometheische Scham« bezeichnet hat.[23]

Viertens: Das Theorem vom Mängelwesen erfaßt das Spielerische der Technik nicht. Technische Entwicklungen sind nicht selten das Ergebnis eher spielerischer Überlegungen, von Erkundungsgängen im Reich des Möglichen, die sich nicht auf kompensatorische Funktionen zurückführen lassen.

Fünftens: Die Technik hat auch, aber bei weitem nicht ausschließlich, die Funktion, unser Überleben zu sichern. Werden neue Geräte, Verfahren oder Produkte entwickelt, so hat dies oft ganz wesentlich mit einer Orientierung am Überflüssigen zu tun. Dies hat vor allem José Ortega y Gasset betont: Dem Menschen gehe es nicht nur um das reine Überleben, das Sich-Befinden-in-

---

23 G. Anders: Die Antiquiertheit des Menschen I, S. 23 ff.

der-Welt, sondern um das Sich-wohl-Befinden. Daher ist für ihn auch der Begriff der »menschlichen Bedürfnisse« ein unscharfer: Diese bezögen sich nicht ausschließlich auf die existentielle Ebene, sondern auch auf die Lust, sich wohl zu fühlen. Daher umfasse der Begriff des Bedürfnisses sowohl das objektiv Notwendige als auch das Überflüssige. Ortega y Gasset zieht eine paradoxe Schlußfolgerung: »Der Mensch ist ein Tier, für das nur das Überflüssige notwendig ist.«[24]

Nicht zuletzt wegen dieser Engführung auf die Idee des Mängelwesens haben philosophisch-anthropologische Erklärungen zur Zeit vielerorts keinen guten Stand. Darüber hinaus scheinen viele Menschen davon auszugehen, die Aufgabe der philosophischen Anthropologie bestehe darin, die »Natur des Menschen« eindeutig und ein für alle Mal zu bestimmen. Um solchen Mißverständnissen vorzubeugen und den hier eingeschlagenen Zugang zum Verständnis der Technisierungsprozesse zu verdeutlichen, möchte ich drei Momente grob umreißen: Die Diskussion typisch menschlicher Eigenschaften und die Beschreibung der *conditio humana*; die Reflexion über das menschliche Selbstverständnis; die Anthropologie in ihrer pragmatischen Hinsicht.

Erstens: Die philosophische Anthropologie geht davon aus, daß es bei aller Skepsis zumindest einige typische Eigenschaften des Menschen gibt – etwa, daß der Mensch ein merkwürdiges Natur-Kultur-Wesen ist oder bestimmte personale Eigenschaften hat –, und daß er bei aller individuellen Offenheit durch bestimmte Bedingungen der menschlichen Existenz (beispielsweise Natalität, Mortalität oder Pluralität) charakterisiert ist.[25] Daß der Mensch sich und seine Welt ganz wesentlich durch Technik gestaltet, daß der Mensch sogar in einem ganz fundamentalen Sinn

24 J. Ortega y Gasset: Betrachtungen über die Technik, S. 19.
25 H. Arendt: Vita activa, S. 14 ff.

als »der Techniker« bezeichnet werden kann, ist eines jener typischen Merkmale, die es in einer philosophischen Anthropologie auszubuchstabieren gilt.

Der Mensch schafft sich einen variablen Orientierungsrahmen, innerhalb dessen er die Bedingungen seiner Existenz thematisieren kann. Der Mensch als das sich selbst deutende Wesen greift dabei auch auf kulturelle Artefakte zurück, die er selbst hergestellt hat. Selbstbilder des Menschen kommen in ganz unterschiedlichen kulturellen Formen zum Ausdruck. Was der Mensch ist, zeigt sich in seinen Werken, Taten und Produkten. Auch und gerade die Technik gehört dazu; Hannah Arendt hat betont, daß der Mensch das »bedingte« Wesen ist und daher alles, was er vorfindet und produziert, zur Bedingung seiner Existenz macht. Auf diesem Wege paßt sich der Mensch an die Normen seiner eigenen Maschinen an.[26] Einige Formen der Selbstauslegung durch technische Produkte hat Käte Meyer-Drawe in ihrem Buch über *Menschen im Spiegel ihrer Maschinen* untersucht.[27] Weil der Mensch nicht »feststellbar« ist, prägt die von uns hergestellte Welt unser Bild von uns selbst. Anthropologisch bedeutsam ist nicht nur die Frage, ob die Technik zum Wesen des Menschen gehört, sondern wie sie an der Definition dessen mitwirkt, was wir unser Wesen nennen. Daher muß philosophische Anthropologie immer auch historische Anthropologie sein.

Gleichzeitig ist die philosophische Anthropologie diejenige Disziplin, die den Blick für die verschiedenen Aspekte des Menschseins wach hält; bei aller Skepsis gegenüber der Vorstellung einer einzigen unveränderlichen menschlichen Natur geht es darum, das Biologische, das Leibliche, das Personale, das Soziale, das Vernünftige, das Endliche, das Spirituelle etc. der menschlichen Exi-

26 Ebd., S. 133.
27 K. Meyer-Drawe: Menschen im Spiegel ihrer Maschinen.

stenz nicht auseinanderfallen zu lassen. Für Cassirer erhält die philosophische Anthropologie ihre Legitimität regelrecht dadurch, daß sie entgegen der klassisch-philosophischen Trias Physik, Logik und Ethik weitere zentrale Sphären des Humanen zu integrieren weiß, die insbesondere den modernen Menschen charakterisieren. Dies sind, wie der Schluß im Entwurf zum vierten Band der *Philosophie der symbolischen Formen* verdeutlicht, vor allem Sprache, Technik und Kunst.[28] In der ebenfalls im Nachlaß erschienenen Göteborger Vorlesung hebt Cassirer gleich zu Beginn hervor: »Die Antwort auf die Frage was er [der Mensch] ist, mußten wir also nicht allein der Logik, Physik und Ethik[,] sondern der Philosophie der Technik u[nd] der Sprachphilosophie entnehmen.«[29] Vor diesem Hintergrund betont er in *Form und Technik*: »Die Technik aber ist diesem Kreis der philosophischen Selbstbesinnung noch nicht wahrhaft eingeordnet. Sie scheint noch immer einen eigentümlich peripheren Charakter zu behalten. Mit dem Wachstum ihres Umfangs hat ihre eigentliche Erkenntnis, hat die Einsicht in ihr geistiges ›Wesen‹ nicht Schritt gehalten.«[30]

Auch wenn seitdem einige Philosophen immer wieder die Technik als »Schlüsselproblem der Philosophie«[31] bezeichnet haben, gibt es doch viele Ansätze, die sie schlicht ignorieren: Ein symptomatisches Beispiel unter vielen ist Ernst Tugendhat, der in seinem Band *Anthropologie statt Metaphysik*, aber auch schon in früheren Schriften wie *Egozentrizität und Mystik*, die Sprachfä-

28 F. Cassirer: Zur Metaphysik der symbolischen Formen, S. 256 ff.
29 E. Cassirer: Vorlesungen und Studien zur philosophischen Anthropologie, S. 6.
30 E. Cassirer: Form und Technik, S. 141.
31 V. Hösle: Warum ist die Technik ein philosophisches Schlüsselproblem geworden?, jüngst: V. Gerhardt: Homo publicus.

higkeit als wesentliches Merkmal ansetzt,[32] die Technik als Moment der (nichtsprachlichen) Selbsterfahrung aber ziemlich stiefmütterlich behandelt.

Die philosophische Anthropologie ist beileibe nicht die einzige Möglichkeit, über Technik nachzudenken, aber sie erlaubt es am ehesten, die Technik mit den anderen philosophischen Disziplinen in Verbindung zu bringen. Daher müßten die vier Kantischen Fragen: *Was kann ich wissen? Was soll ich tun? Was darf ich hoffen? Was ist der Mensch?* durch die Fragen: *Was kann, soll, darf ich herstellen?* und *Was erhoffe ich mir durch die Technik?* ergänzt werden. Hierbei ist die Technik nicht nur eine wissensförmige Kompetenz, die den menschlichen Handlungsrahmen erweitert, sondern auch Gegenstand von Hoffnungen und Ängsten, von Utopien und Dystopien, Projektionsfläche für (quasi)religiöse Phantasien.

Zweitens: Ein weiteres Moment, das die philosophische Anthropologie kennzeichnet, ist, daß sie das, was man als »menschliches Selbstverständnis« bezeichnet, thematisieren kann. Geert Keil hat das menschliche Selbstverständnis folgendermaßen definiert: »Damit ist das Ensemble von Interpretationsmustern gemeint, mit denen wir die Erfahrungen, die wir als im Denken und Handeln sich orientierende Wesen mit uns selbst machen, kognitiv und sprachlich organisieren.«[33] Dabei gelte es, das »selbst« im Begriff Selbstverständnis ernst zu nehmen, da es hier ausdrücklich um die reflexive Struktur des Verstehens geht. Keil schließt hier an Charles Taylor an, der konstatiert: »Als Menschen sind wir Wesen, die sich selbst definieren, und zum Teil sind wir das, was wir kraft der von uns akzeptierten Selbst-Defi-

32 E. Tugendhat: Anthropologie statt Metaphysik; E. Tugendhat: Egozentrizität und Mystik.
33 G. Keil: Kritik des Naturalismus, S. 3.

nitionen sind, ganz gleich wie wir zu ihnen gelangt sind [...].Veränderungen der Selbst-Definition des Menschen bedingen Veränderungen dessen, was der Mensch ist«.[34] Das Sich-selbst-als-Mensch-Verstehen charakterisiert den Menschen als *animal sibi praefiniens*,[35] als ein *animal symbolicum*, das sich durch seine Kultur einen Selbstdeutungsrahmen schafft.[36] Die Frage *Wer bin ich?* ist dann von der Frage *Was ist der Mensch?* nicht zu trennen. Die Konturierung des individuellen Selbst findet immer vor dem Horizont der Frage statt, was als typisch und angemessen für den Menschen gelten kann. Im Individuellen taucht immer auch das Anthropologisch-Allgemeine auf, das Anthropologisch-Allgemeine gibt Orientierung für das Individuelle; daher sind etwa die *Essais* von Montaigne ein Grundtext der Anthropologie. Es bedarf einer reflexiven Anthropologie, die die einzelnen Definitionen und Vorstellungen des Menschseins und die verschiedenen Menschenbilder sammelt und kritisch diskutiert, um die Aspekte des Humanen, die uns wertvoll scheinen, zu benennen und zur Grundlage unserer Handlungsorientierung zu machen.[37] Da auch Technisierungsprozesse Auswirkungen auf das menschliche Selbstverständnis haben bzw. weil das menschliche Selbstverständnis bestimmte Technisierungsprozesse möglich macht, wird dieser Aspekt für ihr Verständnis in diesem Band eine zentrale Rolle spielen.

Drittens: Schließlich steht die philosophische Anthropologie auch in der (moralistischen) Tradition von Kants *Anthropologie in pragmatischer Hinsicht* und behandelt die Frage, was der Mensch

---

34 C. Taylor: Erklärung und Interpretation in den Wissenschaften vom Menschen, S. 213 ff.

35 V. Gerhardt: Homo publicus.

36 E. Cassirer: An essay on man, S. 31.

37 Siehe im Blick auf die Medizinethik etwa G. Maio: Medizin und Menschenbild; L. Siep: Die biotechnische Neuerfindung des Menschen.

aus sich machen kann und soll.[38] In der Aufgabe, das Typische der menschlichen Lebensform zu beschreiben, in der die möglichen Ziele des menschlichen Strebens, die humanen Kompetenzen, aber auch die Schwächen, Selbsttäuschungen, Fallstricke in den Blick geraten, hat die pragmatische Anthropologie eine fundamentale ethische Orientierungsfunktion. Ausdrückliche »Hülfsmittel« sind bei diesem Unterfangen nach Kant die Literatur und die Reflexion über die Geschichte in Form von Biographien. Exemplarische Lebensentwürfe und die Kohärenzen schaffende narrative Struktur einer Biographie können anderen Individuen Orientierung bieten. Gerade angesichts typisch menschlicher Grenzsituationen – das Leiden am Verlust eines geliebten Menschen, das Scheitern, das Anerkennen der eigenen Endlichkeit – brauchen wir die Reflexion über das Anthropologisch-Allgemeine. Pragmatische Anthropologie hat die Aufgabe, die Zumutungen der *conditio humana* in Lebenspraxis umzusetzen. Die Angebote der technischen Selbstoptimierung wären ein Beispiel für die Integration anthropologischer Grundfragen in den konkreten Alltag, denn offenbar liegt es im Wesen des Menschen, sich zu verbessern, eine anthropologische Intuition, die sich literarisch etwa in der Figur des Dädalus kristallisiert – aber kann die Selbstverbesserung nicht auch an die Grenze einer ikarischen Hybris geraten? Die Antworten auf diese Fragen sind jedenfalls nicht nur in der Abwägung individueller Interessen zu finden, sondern müssen die Überlegung beinhalten, was das dem Menschen Angemessene ist.

Dabei spielt auch die Selbstauslegung als natürliche Wesen eine wichtige Rolle: Die ethische Anweisung der Stoa, der Natur zu folgen oder *secundum naturam vivere,* kann jedoch nur noch vor dem Hintergrund jenes kulturellen Bruchs befolgt werden,

---

38 I. Kant: Anthropologie in pragmatischer Hinsicht, S. 119.

den Schiller mit seiner Unterscheidung zwischen »naiv« und »sentimentalisch« bezeichnet hat – einem Begriffspaar, das nicht nur zentral für seine Dichtungstheorie ist, sondern auch die *conditio humana moderna* erfaßt. Eine »naive« anthropologische Haltung ginge von einem direkten Bezug zur »Natur des Menschen« aus, während in der »sentimentalischen« Haltung nur noch vermittelte Erfahrungen des Natürlichen möglich sind. »Sie empfanden natürlich«, schreibt Schiller, »wir empfinden das Natürliche.«[39] Daß wir das Natürliche empfinden können, liegt an einer zeitspezifischen *education naturelle*, und dabei wird immer ein bestimmter Aspekt des Natürlichen hervorgehoben. So wird selten das Unempfindlich-Brutale der Natur unterstrichen – wie Nietzsche süffisant betont, um den Naturbegriff der Stoa der Idealisierung zu überführen –, sondern meist Aspekte, die das menschliche Leben bereichern können, etwa die Vorstellungen des Wachsens oder Gedeihens.[40] Jede Zeit hat ihre leitenden Begriffe und Metaphern des Natürlichen. In ihnen ist ein elementares anthropologisches Wissen um sich selbst und die Welt konserviert. Auf subtile Weise zeigt dies Philip K. Dick in seinem Roman *Do Androids Dream of Electric Sheep?*, der Vorlage für den Film *Blade Runner* (1982), in dem der Protagonist Rick Deckard in der Reflexion über natürliche und maschinelle Haustiere und über das Wesen der menschenähnlichen, aber künstlichen Androiden versucht, sein Menschsein in einer technisierten Welt (neu) zu definieren.

Die in den letzten Jahren wiederentdeckte Formel des »Eingedenkens der Natur im Subjekt« aus der *Dialektik der Aufklärung* hat auch die Funktion, das Natürliche und Organische des Selbstseins in ethisch-anthropologische Überlegungen zu inte-

39 F. Schiller: Naive und sentimentalische Dichtung, S. 431.
40 Siehe dazu L. Siep: Konkrete Ethik.

grieren.[41] Mit dieser Formel wird an eine naturphilosophische Tradition erinnert, für die im wesentlichen Friedrich Wilhelm Joseph Schelling steht. Schelling konzipierte seine Naturphilosophie um den Begriff des Organismus und versuchte, darin empirische und spekulative Aspekte zu integrieren. Das Organische konnte in dieser Epoche aber auch ein ganz lebenspraktischer Richtwert im Sinne einer Lebenskunst sein – so bezeichnet Carl Gustav Carus seinen Patienten Goethe als einen »schön und mächtig Organisierten«.[42] Das Organische dient wie das Natürliche als pragmatisch-anthropologischer Reflexionsbegriff, mit dem wir auf die Art und Weise unserer Selbstauslegung Bezug nehmen können. Insofern haben das Organische und das Natürliche eine elementare sinnexplikative Funktion, die nicht unbedingt in einen Gegensatz zur Technik treten muß, sondern durchaus auch die Integration von Technik in Lebensvollzüge zur Folge haben kann.

Wenn im folgenden vom Menschen die Rede ist, dann im Sinne eines »menschlichen Selbst«, das in vielerlei Hinsicht mit dem personalen Selbst identisch ist,[43] aber insofern über dieses hinausgeht, als in die Reflexion über praktische Selbstverhältnisse und Selbstverständnisfragen auch kulturelle und naturphilosophische Aspekte integriert werden. Dabei empfinde ich die Frage nach der Identität, also ob es ein einziges, vielleicht irgendwie substantielles Selbst gibt oder viele oder gar keins, als gar nicht

---

41 Siehe G. Böhme, A. Manzei (Hg.): Kritische Theorie der Technik und der Natur; J. Habermas: »Ich selber bin ja ein Stück Natur« – Adorno über die Naturverflochtenheit der Vernunft; G. Böhme: Ethik leiblicher Existenz, S. 136 ff.

42 D. von Engelhardt: Krankheit und Lebenskunst, S. 55.

43 Siehe zu einem an eine philosophische Anthropologie anschlußfähigen Person-Begriff D. Sturma: Philosophie der Person; V. Gerhardt: Selbstbestimmung, S. 311 ff.

so aufregend, wie sie gerne dargestellt wird. Der Mensch kann auf verschiedene Weisen auf sich selbst Bezug nehmen; diese Reflexivität erlaubt es uns, uns wie in einem Prisma wahrzunehmen. In der Moderation zwischen den verschiedenen Selbstbezugnahmen und -modellierungen scheint die Instanz auf, die einen Anhaltspunkt für das gibt, was wir als Identität bezeichnen.

Bei den Fragen der individuellen Lebensführung und bei dem Rekurs auf den je eigenen Entscheidungshorizont geht es immer auch um eine anthropologische Selbstverortung. Das Individuelle ist immer in etwas Allgemeines eingebettet: Alle Menschen sind sterblich, aber es ist meine Endlichkeit, mit der ich zurechtkommen muß. Jeder Mensch ist durch seinen Körper Teil der Natur, aber es ist mein Leib, in dem mir das Natürliche zum Thema wird, mit dem ich feststelle, daß man sich nicht so einfach aus der Natur »herausreflektieren« kann.[44] Das individuelle Selbst versteht sich selbst immer vor einem humanen Horizont. Der hier verwendete Selbst-Begriff schließt insofern an viele Einsichten Volker Gerhardts an, der in seinen Selbst-Differenzierungen gezeigt hat, was eine philosophische Anthropologie als »begriffliche Selbstauslegung«[45] leisten kann, sowie an Charles Taylor, der betont, daß der Begriff des Selbst nicht nur ein formales Profil, sondern auch materiale Quellen hat.[46]

2. Die Technizität des Menschen

Das spezifische Profil des Menschen als Techniker findet sich überzeugend bei Ernst Cassirer gezeichnet. Seine Philosophie der

---

44 V. Hösle: Warum ist die Technik ein philosophisches Schlüsselproblem geworden?, S. 91.
45 V. Gerhardt: Selbstbestimmung, S. 187 ff.
46 C. Taylor: Quellen des Selbst.

symbolischen Formen umfaßt alle wesentlichen kulturellen und sozialen Bereiche von der Sprache über den Mythos und die Wissenschaft hin zu Moral, Recht und Kunst. 1930 analysierte er in dem Aufsatz »Form und Technik« die Technik als eine symbolische Form. Symbolische Formen sind »bestimmte geistige Gestaltungsweisen«, die »auf eine letzte Urschicht des Wirklichen zurückgehen, die in ihnen nur wie durch ein fremdes Medium erblickt wird. Die Wirklichkeit scheint für uns nicht anders als in der Eigenart dieser Formen faßbar zu werden.«[47] In den symbolischen Formen prägt und gestaltet der Mensch die Wirklichkeit auf unterschiedliche Art und Weise; über die symbolischen Formen als Erkenntnismedien wird schließlich »die letzte Wirklichkeit, die Wirklichkeit des Seins an sich selbst« sichtbar.[48] Jede von ihnen hat einen »bestimmten Brechungsindex«. Die Cassirersche Philosophie der symbolischen Formen »will die besondere Natur der verschiedenen brechenden Medien erkennen; sie will jedes von ihnen nach seiner Beschaffenheit und nach den Gesetzen seiner Struktur durchschauen«.[49]

Ebendies versucht Cassirer in seiner Auseinandersetzung mit der Technik. Er untersucht das Spezifische des technischen Wirkens im Vergleich mit der Arbeit des Künstlers und mit anderen Wissensformen. Insbesondere die Nähe zur Sprache ist Cassirer wichtig. Er betont, daß Werkzeuggebrauch und Sprachentwicklung eng zusammenhängen: So sei das haptische und durch Werkzeuge vermittelte *Greifen* eng mit dem sprachlichen *Begreifen* verwandt: »Alle geistige Bewältigung der Wirklichkeit ist an diesen doppelten Akt des ›Fassens‹ gebunden: an das ›Begreifen‹ der Wirklichkeit im sprachlich-theoretischen *Denken* und an ihr

---

47 E. Cassirer: Philosophie der symbolischen Formen III, S. 1.
48 Ebd.
49 Ebd.

›Erfassen‹ durch das Medium des Wirkens; an die gedankliche wie an die technische Formgebung.«[50]

Ausgangspunkt seiner Überlegungen ist der für die Menschheitsentwicklung bestimmende Gegensatz zwischen dem Homo divinans, dem Menschen der Magie, der seine inneren Wünsche und Vorstellungen auf die Wirklichkeit projiziert, und dem Homo faber, dem Techniker, der sich von dieser »naiven« Einstellung emanzipiert.[51] Während der Homo divinans die magischen Praktiken zwar im Sinne einer »übernatürlichen Technik« verwendet, wie auch Gehlen betont,[52] eröffnet die Handhabung von Werkzeugen dem Menschen aber neue Einsichten in die Gesetzmäßigkeiten der Wirklichkeit. Die innere Welt des Wunsches und der Magie wird durch »objektive« Bedingungen des Werkzeuggebrauchs langsam aufgelöst; es bildet sich zunehmend eine »innere« und eine »äußere« Welt, der Mensch lernt die Äußerlichkeit der Welt und ihre spezifischen Regeln durch das Werkzeug kennen. Die Verwendung von Technik im Gegensatz zu magischen Praktiken führt zu einer »inneren ›Krisis‹«: »Die Allmacht des bloßen Wunsches ist jetzt gebrochen: Das Tun steht unter bestimmten objektiven Bedingungen, von denen es nicht abweichen kann.«[53] Das Einwirken der Werkzeuge auf die Wirklichkeit läßt uns diese Wirklichkeit erst konturiert als eine Welt der Dinge erkennen: »Aus der Mittelbarkeit des Wirkens resultiert erst die des Seins, vermöge derer es sich in einzelne aufeinander bezogene und voneinander abhängige Elemente auseinanderlegt.«[54]

Der Gebrauch von Werkzeugen, das technische Wirken des

50 E. Cassirer: Form und Technik, S. 150.
51 Ebd., S. 152 ff.
52 A. Gehlen: Der Mensch und die Technik, S. 13 ff.
53 E. Cassirer: Philosophie der symbolischen Formen II, S. 252.
54 Ebd., S. 253.

Menschen in der Welt, ist nicht nur mechanisch-materiell zu verstehen, sondern bedeutet immer geistige Formung der Wirklichkeit. Durch das Werkzeug entsteht die Welt des Menschen schließlich erst. Cassirer schreibt: »Niemals dient das Werkzeug einfach der Beherrschung und Bewältigung der Außenwelt, die hierbei als ein fertiger, einfacher gegebener ›Stoff‹ anzusehen wäre, sondern mit seinem Gebrauch stellt sich für den Menschen auch erst das Bild dieser Außenwelt, ihre geistig-ideelle Form her.«[55]

Wichtig ist hierbei, daß die Technik nicht nur als ein »nach außen gerichtetes Bestreben« zu sehen ist: Denn da es, im Gegenteil, eine absolute Schranke von »Innen« und »Außen« nicht geben könne, sei das Erschließen der Welt »zugleich immer ein neuer Aufschluß über das innere Sein« – so gilt insbesondere von der Technik, daß sie dieses innere Sein nicht verdunkelt, sondern von einer neuen Seite her sichtbar macht.[56] So hat das »technische Tun« für die Selbsterkenntnis Bedeutung: Durch die Technik und ihre Distanzierungsprozesse versteht man nicht nur die Welt, sondern auch sich selbst besser. Anschließend an Ernst Kapps *Grundlinien einer Philosophie der Technik* und die von diesem formulierte »Organprojektionsthese«, betont Cassirer, daß das scheinbar nur äußerliche technische Wirken des Menschen immer zugleich ein »Medium seiner Selbsterkenntnis« und ein »Selbstbekenntnis« ist[57] – das es also nicht nur der Konstituierung von Objektivität, sondern auch der Profilierung des Selbstseins dient.

Der Grund für die Entstehung der Technik ist hier nicht die Mangelsituation, sondern die Möglichkeit der Welterkenntnis. Der ursprüngliche Impuls für die Herausbildung der Technik ist

55 Ebd.
56 E. Cassirer: Form und Technik, S. 166 f.
57 Ebd., S. 168.

ein erkenntnistheoretischer: das Transparentmachen der Wirklichkeit, die Schaffung einer überprüf- und gestaltbaren »Objektivität« – womit auch die Kontrolle und die Beherrschung dieser objektiven Welt möglich werden. Nicht die Mangelsituation, sondern der Umgang mit den Mitteln, das Lernen aus Funktionszusammenhängen, charakterisiert zunächst die Technik. Sie stellt wie die Sprache Erkenntnisressourcen bereit, die die Basis für die Gestaltung und Formung der Wirklichkeit darstellen, die Grundlage für die Gestaltung eines humanen Lebensraumes.

Die Technik entwickelt sich also parallel zur Welt- und Selbsterkenntnis des Menschen. Vieles, was wir über den Menschen wissen – und das heißt auch über uns selbst als Menschen –, wissen wir, zum Teil zumindest, durch die Technik als Medium der Selbsterkenntnis. Die alte aristotelische Unterscheidung zwischen *phýsis* und *téchne*, zwischen dem Gewachsenen und Gemachten – die auch Jürgen Habermas in seinem Essay über die »Zukunft der menschlichen Natur« aufgreift[58] –, mag intuitiv einleuchten, bringt aber philosophisch-anthropologisch große Probleme mit sich. Und zwar allein deshalb, weil erst aus der Perspektive des Technischen das Natürliche bestimmt werden kann – und gerade aus diesem Grund können wir das Natürliche überhaupt in unser Selbstverständnis integrieren.

3. Die Genese der modernen Technik

Die kulturanthropologische Deutung der Ausbildung der Technik erklärt noch nicht die Dynamik ihrer neuzeitlichen und modernen Entwicklung. »Weder die Antithese von Natur und Technik«, schreibt Blumenberg, »noch die Voraussetzung von der

58 J. Habermas: Die Zukunft der menschlichen Natur.

›natürlichen‹ Technizität des Menschen führt an das Problem heran, das in der Technisierung als einem spontan in der Geschichte einsetzenden Prozeß besteht, der in keiner verstehbaren Beziehung zur Natur des Menschen mehr zu stehen scheint, sondern im Gegenteil rücksichtslos die Anpassung dieser seinen Anforderungen gegenüber mangelhaften Natur erzwingt.«[59]

Um Technisierungsprozesse zu erklären, bedarf es der geschichtlichen Reflexion. Denn die heutigen Technologien sind nicht einfach nur durch das systematische Anwachsen des technologischen Fachwissens über Generationen hinweg zu erklären. Die Entwicklung der Technik ist nur vor dem Hintergrund bestimmter geistesgeschichtlicher Umbrüche und veränderter ontologischer und anthropologischer Konstellationen zu verstehen. Dieser geschichtliche Ansatz kann den anthropologischen Aspekt durchaus einschließen. Das gilt allerdings nur dann, wenn man die Technik nicht mehr bloß als »Instrumentarium der Daseinssicherung und elementaren Bedürfnisbefriedigung«[60] versteht, sondern als Moment der Selbstverwirklichung des Menschen, denn »[e]s ist etwas anderes, ob der Mensch unter dem Druck der Notwendigkeiten seiner Existenz technisches Verhalten entwickelt oder ob er seine Technizität wahrnimmt und ergreift als Thema und Signatur seiner Selbstdeutung und Selbstverwirklichung«.[61]

Erst dieses sich herauskristallisierende Potential humaner Selbstdeutung und Selbstverwirklichung ermöglicht die Entstehung der modernen Technik. Einen einzigen Punkt festmachen zu wollen, an dem sich die moderne Technik von der antiken und mittelalterlichen Technik emanzipiert, wäre eine geistesgeschicht-

59 H. Blumenberg: Lebenswelt und Technisierung, S. 16.
60 Ebd.
61 Ebd.

liche Donquichotterie; die methodologischen Schwierigkeiten einer »Geistesgeschichte der Technik« sollen hier allerdings nicht im Mittelpunkt stehen.[62] Viel wichtiger für das Verstehen der Technisierung sind die ontologischen und geistesgeschichtlichen Voraussetzungen der Karriere der technischen Rationalität, das heißt der Zusammenhang zwischen ontologischen Strukturbedingungen und der Profilierung des Technik-Begriffs.[63] Die moderne Technik wurde ermöglicht durch eine Reihe fundamentaler Änderungen des menschlichen Selbst- und Weltverständnisses. Der folgende, skizzenhafte Überblick über historische Schritte dieser Änderungsbewegung ist als eine Illustration folgenreicher Einschnitte zu sehen. Ich erzähle insofern eine Geschichte, die auch anders erzählt werden könnte.

a) Die Herausbildung des technischen Selbstverständnisses

In der Antike waren Sein und Natur fast gleichbedeutende Begriffe. Die Technik war nicht nur ontologisch eingebettet, sondern bezog ihre Legitimation aus der Gesamtordnung, nur in ihrem Aufruhen auf dem »von Natur Seienden« war sie möglich; sie war eine Art sekundärer Modus des natürlichen Seins. Der kosmische Gleichklang von Natur und Sein bestimmte in dieser Zeit das Selbstverständnis des Menschen fundamental. Die antike Technik ist dabei eine »Kunst« der Nachahmung, die Technik vollendet nur das, was entelechisch, also als Zweck, in der Natur selbst angelegt ist. Sie stellt in diesem Sinne eine »Reform« der Natur dar, eine sachte Anpassung an die Bedürfnisse des Menschen. Daher hatte der gängige Technik-Begriff in der alltäg-

---

62 Siehe H. Blumenberg: Geistesgeschichte der Technik.
63 Siehe für das Folgende H. Blumenberg: Das Verhältnis von Natur und Technik; H. Blumenberg: Technik und Wahrheit; dazu auch O. Müller: Natur und Technik als falsche Antithese.

lichen antiken Verwendung keinen Beigeschmack des Unbehagens. Die handwerkliche Technik kombinierte in sich die Momente der Kompetenz, der Zielorientierung und der Geschicklichkeit, sie wurde zu einem Wissen und Können von Experten. Meist bezeichnete sie zwar handwerkliche und künstlerische Fähigkeiten, doch die Sophisten etablierten eine Technik der Rhetorik, also eine erlernbare politische Kompetenz. Platon formulierte in seiner Polemik gegen die rhetorischen Techniken der Sophisten zwar die erste Kritik an einer technischen Rationalität, verwandte den Technik-Begriff jedoch in vielerlei Hinsicht als Metapher für Erkenntnisprozesse und sprach auch von Selbst-Techniken. Zudem verlieh er der Technik im *Timaios* in der Figur des »Demiurgen«, des Weltbaumeisters, sogar eine gewisse metaphysische Dignität.

Dieser strukturelle ontologische Rahmen ändert sich durch das Aufkommen der christlichen Metaphysik. Die wesentliche Neuerung ist die Ersetzung des antiken Kosmos-Modells durch das Schöpfungskonzept. Mit der Formel der *creatio ex nihilo* wird die Vorstellung des selbstverständlichen Vorhandenseins durchbrochen. Die Welt ist ab nun eine »gemachte«, eine »hergestellte« Welt. Die Schöpfung aus dem Nichts ist, so Blumenberg, »im genauen Sinne ›technischer Urakt‹«.[64] Aus den antiken Ruinen der Seinsvertrautheit eines »sich selbst zeigenden Seins«, und damit der Wahrheit, entsteht ein Bewußtsein der Welt als durch die *ars divina* geschaffene – als *factum*. Diese Perspektive der Welt als *factum* verändert das Bewußtsein der Menschen fundamental: Die Welt ist nicht einfach gegeben, sie kann geformt werden, ausdrücklich auch von den Menschen selbst. Diese christlichen Wurzeln des Herstellungsparadigmas sind mit der platonischen

---

64 H. Blumenberg: Das Verhältnis von Natur und Technik, S. 463.

Unterscheidung zwischen *theía techne* und *anthropíne téchne* verwandt, in der das Menschenmögliche aus der Unterscheidung zum Göttlichmöglichen abgeleitet wird, wodurch die strukturellen Voraussetzungen für das Verständnis der Welt als einer technisch verfertigten entstehen.[65] Dies wird die Grundlage für die demiurgischen Impulse der modernen Technik. Damit zusammenhängend ändert sich die Stellung des Menschen in der Welt; der Mensch ist nicht mehr Teil eines zyklisch-kosmischen Generationismus, sondern findet sich durch den Akt der Schöpfung in die Welt hineingestellt. Dies bereitet den Weg für ein distanziertes Verhältnis zur Natur, denn die biblische Erfahrung der Mühen, die sich nach dem selbstverschuldeten Sündenfall mit der alltäglichen Sorge um das Überleben verbinden, verwandelt sich entsprechend in ein Verfügungs- und Herrschaftsverhältnis gegenüber der Natur.

Trotz dieser geistesgeschichtlichen Voraussetzungen war dann die Entwicklung der Technik im Mittelalter begrenzt. Einer der Gründe dafür ist die augustinische Trennung von *uti* und *frui*, zwischen nutzen und genießen. Nutzwert und Genußwert galten im Mittelalter entkoppelt, Genuß war erst im Jenseits toleriert – also blieb der Nutzen der Technik im entsprechend bescheidenen diesseitigen Rahmen. In der Neuzeit wird sich das Verhältnis von *uti* und *frui* grundlegend ändern, und die Aussicht auf die genußhafte Verwertung des Geleisteten wird zu einem Motor der technischen Entwicklung.

Der nächste Schritt auf dem Weg zur modernen Technik war die fundamentale Änderung des Wahrheitsbegriffs im späten Mittelalter: Man ging nicht länger davon aus, daß die Wahrheit sich einfach auffinden läßt, sie wurde vielmehr als nach Maßgabe des

65 Platon: Sophistes 265 b-e.

Intellekts geformte verstanden. Wahrheit war nicht mehr die Feststellung einer Übereinstimmung von Intellekt und Gegenstand – so lautet ja die klassische Wahrheitsdefinition –, sondern wurde zunehmend zu einer Anpassung des Gegenstandes an den Intellekt. Damit wurde die erkenntnistheoretische Wende der Neuzeit vorbereitet; in der Vorrede zur zweiten Auflage von Kants *Kritik der reinen Vernunft* wird es dann bezüglich Galilei und Torricelli heißen: »Sie begriffen, daß die Vernunft nur das einsieht, was sie selbst nach ihrem Entwurfe hervorbringt, daß sie mit Prinzipien ihrer Urteile nach beständigen Gesetzen vorangehe und die Natur nötigen müsse, auf ihre Fragen zu antworten.«[66] Kant hatte die Nötigung der Natur allerdings im Gerichtshof der Vernunft angesiedelt und damit die Baconschen Metaphern der Verwendung von Foltermethoden für die Erkenntnisgewinnung gewissermaßen zivilisiert.

Bereits im Spätmittelalter stellte man die Erkennbarkeit Gottes und seines Wirkens in der Natur grundsätzlich in Frage. Der Mensch ist durch das *quia voluit* (durch den Erklärungstyp, »weil er, Gott, es so wollte«) auf sich selbst zurückgeworfen, da die Erkenntnis Gottes und der Wahrheit in theologische Ferne gerückt ist – und genau dies führt auf der epistemologischen, aber auch auf der künstlerisch-technischen Ebene zu einer bemerkenswerten Erweiterung des Möglichkeitsspektrums, denn nun konnte man unbelastet von der Rückbindung an das göttliche Wollen zu Erkenntnissen kommen. Es war also das scheinbar so »untechnische« Christentum, das die entscheidenden Weichen für die technologische Zivilisation gestellt hat.

Mit der Neuzeit wird der ontologische Vorrang des »Seinsollens« gegenüber der antiken und mittelalterlichen Vorrangstel-

---

66 I. Kant: Kritik der reinen Vernunft, B XIII.

lung des Seins Programm. Die aristotelische Bestandsaufnahme der Welt erscheint bloß noch als ein ontologischer Anachronismus, die Frage nach dem »Wie«, nach dem »Know-how« wurde nun zum neuen, zum technischen Modus der Wahrheit.[67] Diese Form der technischen Freiheit ändert grundsätzlich die Konditionen des Menschseins: »Die *technische* Bestimmung der Freiheit erschöpft sich nicht darin, den Menschen als ein Wesen zu begreifen, das technische *Gebilde* hervorbringt, sondern als ein Wesen, das *sich selbst* technisch verwirklicht, dessen ›Wahrheit‹ im Grunde technisch ist.«[68] Das Sich-selbst-technisch-verwirklichen-Können ist der Kern des Menschseins, der sich in der Neuzeit herausschält. Daher ist auch für Blumenberg der Begriff der Technik mit dem der Freiheit verknüpft, einer Freiheit, die konstitutiv wird für die Aktivitäten der menschlichen Vernunft. Aus der Einsicht in die schöpferische Potenz des Menschen geht ein Selbstverständnis hervor, das zwar nicht neu ist, das aber bald programmatisch werden sollte.

In Renaissance und früher Neuzeit wird über den Menschen und seine Fähigkeiten neu reflektiert; der Mensch findet ein neues Selbstverständnis in seinen schöpferischen Fähigkeiten. Grund für die Ausbildung einer *ars humana* ist der Nominalismus des späten Mittelalters, also die Bestimmung der Begriffe als bloße *nomina*, die als richtige und falsche (und nicht mehr in Abhängigkeit von einer transzendenten Vorgabe) vom Menschen selbst durch die Betrachtung der Welt bestimmt werden können.

In dieser Zeit entdeckte man auch den Wert der *inventio*, der Erfindung, im Gegensatz zur *imitatio*, der bloßen Nachahmung. Diese Opposition spiegelt sich in Bacons Wissenschaftsprogramm in der Gegenüberstellung der *ars inveniendi* und der aristotelisch-

67 H. Blumenberg: Technik und Wahrheit, S. 119.
68 Ebd.

scholastischen *ars demonstrandi*. Erst mit der Entfaltung der schöpferischen Kraft des Menschen und der sich daraus ergebenden Möglichkeiten konnte sich die Technik von der handwerklichen Tradition befreien und eine geschichtsmächtige Wirkung entfalten. Die Figur und Rolle des Erfinders ist für diese epochale Änderung zentral. Cassirer schreibt über den Renaissance-Menschen: »Er wird als Künstler zum Techniker und wissenschaftlichen Forscher.«[69]

Von großer symbolischer Bedeutung ist in diesem Kontext die Figur des *idiota*, des Laien, in den Dialogen des Nikolaus von Cues.[70] Der *idiota* vertritt die These, dem handwerklichen Schaffen liege ein Erfindungsgeist zugrunde, der zu einem gewissen Selbstbewußtsein berechtige:

> »Die Formen von Löffeln, Töpfen, Tellern, die der ›Laie‹ herstellt, sind rein technische Formen, und es ist von der Freude über diesen Sachverhalt bis zu seiner Akzentuierung am Produkt selbst als Grundzug des modernen ›industrial design‹ kein Sprung mehr nötig. Der Mensch blickt nicht mehr auf die Natur, den Kosmos, um seinen Rang im Seienden abzulesen, sondern auf die Dingwelt, die *sola humana arte* entstanden ist.«[71]

Am Beispiel der Produktion von Haushaltswaren kann man zeigen, daß der Mensch in der Lage ist, Dinge herzustellen, die sich in der Natur nicht finden und deren Formen sich allein an der für den Menschen notwendigen Funktionalität orientieren. Als berühmteste Erfindung dieser Art kann das Rad gelten. Entscheidend ist hier nicht die Tatsache, daß der Mensch diese Dinge produzieren kann, bereits die Menschen der Antike waren schließlich

---

69 E. Cassirer: Form und Technik, S. 174.
70 H. Blumenberg: »Nachahmung der Natur«, S. 58 f.
71 Ebd., S. 59.

in der Lage, Löffel und Teller herzustellen. Bedeutend ist hier vielmehr das neue Selbstbewußtsein, das die technische Produktion begleitet. Denn mit der Erkenntnis, daß es sich hier um eine Tätigkeit handelt, die auf spezielle menschliche Bedürfnisse reagiert und für die es eigene, von Menschen formulierte Regeln gibt, wird Kreativität – *sola humana arte* – gegenüber dem Gegebenen überhaupt erst freigesetzt. Sie entwickelt sich zum Motor eines technischen Fortschritts, der den handwerklichen Horizont hinter sich läßt, indem er die Nachahmung durch die Erfindung ersetzt. Zur »Emanzipation von der organischen Schranke« (Marx) ist es dann nur noch ein kleiner, konsequenter Schritt. Um der geistesgeschichtlichen Pointe willen kann man sagen, daß mit dem löffelschnitzenden Laien am Ende des Mittelalters ein grundlegender Wandel in unserem Welt- und Selbstbild möglich wurde: die Einsicht in die Inkongruenz von Natur und Sein.[72] Das, was ist, und auch das, was gut für den Menschen ist, muß nicht länger notwendig ein Teil der Natur selbst sein. Hinzu kommt, daß die Erkenntnis seit Descartes zunehmend im Modus der Aneignung gedacht wurde. Man erkennt einen Gegenstand, wenn man prinzipiell über diesen verfügen kann. Das *nosse*, das Wissen, schien erst durch das *posse*, das Können, möglich, und in der Neuzeit entwickelt sich die Gleichung *nosse* = *posse* zu einer bedeutenden Voraussetzung jenes technischen Seins- und Weltverständnisses. In dieser Deutung konnte Technik als angewandte Wissenschaft verstanden werden, weil die Wissenschaft selbst grundsätzlich von jener technischen Supposition geprägt ist. Hypothesen sind demnach immer »Konstruktionspläne« der Wirklichkeit, sie sind jeweils im Hinblick auf die Möglichkeit der technischen Realisierung zu denken.[73] Hypo-

72 Ebd., S. 83.
73 H. Blumenberg: Technik und Wahrheit, S. 116.

thesen haben insofern entwerfenden Charakter, die Wahrheit wird als eine von Menschen zu machende verstanden. Die technische Supposition ist Ausdruck eines antizipierenden und konstruierenden Denkens. Die Technik ist kein Derivat der Wissenschaften, sondern die Aktualisierung der wissenschaftlichen Wahrheit selbst.

Die Ausbildung der modernen Technik ist also eng an den geistesgeschichtlichen Umbruch geknüpft, die Blumenberg als »Ordnungsschwund« bezeichnet – und auf die die Menschen mit einem Selbstbehauptungsgestus reagierten. Ordnungsschwund meint, daß sich der Mensch nicht mehr auf die transzendente Gewißheit, daß Gott *finis omnium naturalium* ist, verlassen kann. Dieser Verlust an Gewißheit ist die »Basispräsumtion« der Neuzeit und ihrer Technik.[74] Die Selbstbehauptung des neuzeitlichen Menschen stellt aber nicht nur eine Reaktion auf eine unbefriedigende oder sogar verstörende metaphysische Situation dar, sondern sie entwickelt eine eigene Dynamik. Blumenberg schreibt: Die »Selbstbehauptung ist [...] nicht nur Erwiderung auf den Ordnungsschwund; von einem bestimmten Punkt an treibt sie die Nivellierung der vorgegebenen Weltstruktur voran, um gleichsam das ›Ausgangsniveau‹ für eine konstruktive Neukonzeption zu gewinnen.«[75] In *Die Legitimität der Neuzeit* erläutert Blumenberg den Vorrang der historischen vor der anthropologischen Deutung der Technik folgendermaßen:

»Wenn der Ordnungsschwund durch den Zerfall des mittelalterlichen Systems die Selbsterhaltung aus ihrer biologisch bedingten Normalität und Unvermerktheit herausriß und zum ›Thema‹ der menschlichen Selbstauffassung machte, läßt sich auch die neuzeitliche Stufe der Technizität nicht mehr aus dem

---

74 H. Blumenberg: Ordnungsschwund und Selbstbehauptung, S. 51 f.
75 Ebd., S. 55.

Syndrom der anthropologischen Mangelstruktur allein begreifen. Das Anwachsen des technischen Potentials ist nicht nur die Beschleunigung eines Prozesses, der die ganze Menschheitsgeschichte umspannt. Vielmehr läßt sich die quantitative Vermehrung technischer Leistungen und Hilfsmittel nur aus einer neuen Qualität des Bewußtseins herleiten. Ein der entfremdeten Wirklichkeit bewußt begegnender Wille zur Erzwingung einer neuen ›Humanität‹ dieser Wirklichkeit lebt in dem Anwachsen der technischen Sphäre. Der Mensch reflektiert auf den Mangel der Natur als den Antrieb seines gesamten Verhaltens.«[76]

Wer Technisierungsprozesse verstehen will, muß diesen Bewußtseinswandel beschreiben, diese »neue Qualität des Bewußtseins« in der Neuzeit, die die demiurgische Selbstbestimmung und die Autonomisierung der menschlichen Leistungssphäre provoziert. Die Selbstbehauptung des Menschen wird zur Pathosformel der Neuzeit.[77]

In »Ordnungsschwund und Selbstbehauptung« faßt Blumenberg schließlich das anthropologische Scharnier folgendermaßen: »Der Nullpunkt des Ordnungsschwundes und der Ansatzpunkt der Ordnungsbildung sind identisch. Das Minimum an ontologischer Disposition ist zugleich das Maximum an konstruktiver Potentialität.«[78] Paradigma des menschlichen Schaffens ist nicht mehr im weitesten Sinne die Nachahmung natürlicher Strukturen und Phänomene, sondern die eigene Phantasie zur Konstruktion; die Erfindung des Flugzeugs ist ein spätes Beispiel für diese

---

76 H. Blumenberg: Die Legitimität der Neuzeit, S. 152.
77 Siehe H. Blumenberg: Einleitung zu Nicolaus von Cues: Die Kunst der Vermutung, S. 29 f.
78 H. Blumenberg: Ordnungsschwund und Selbstbehauptung, S. 55; H. Blumenberg: Legitimität der Neuzeit, S. 150 ff.

Tendenz. Erst als die Menschen sich von den beweglichen Flügeln der Vögel als Modell für die Konstruktion von Flugapparaten lösten, gelang ihnen der Bau funktionierender Luftfahrzeuge.

Diese Änderungen des menschlichen Selbstverständnisses bilden schließlich die Grundlage für die Ausbildung der »Maschinentechnik« des 19. Jahrhunderts. Waren Kunst und Technik bislang wenig trennscharfe Begriffe – nicht nur das griechische Wort *téchne*, auch das lateinische *ars* bezeichnet beide Bereiche –, so beginnt man erst zu Beginn des 19. Jahrhunderts deutlich zwischen beiden Kategorien zu unterscheiden. Noch 1790 konnte Kant in der *Kritik der Urteilskraft* von der »Technik der Natur« reden, um ihren inneren produktiv-zweckmäßigen Zusammenhang zu bezeichnen.[79] Dies scheint auf den ersten Blick ein letzter Versuch zu sein, das Natürliche und das Technische in Erinnerung an die aristotelische Ontologie zusammenzubringen, doch wird in der transzendentalphilosophischen Perspektive die Technik schon als Paradigma für die Naturerkenntnis etabliert: Wir erkennen die Natur nur über das Technische. Allerdings ist bei Kant das Technische nicht das Mechanische, sondern noch das Künstlerische, auf das zweckmäßige Ausgerichtete. Vielleicht kann man an den verschiedenen Fassungen zur Einleitung der *Kritik der Urteilskraft* den historischen Umbruch und die damit einhergehende Verschiebung der Bedeutungen ablesen: Im ersten Entwurf der Einleitung zur dritten Kritik spielt der Technik-Begriff für die Naturerklärung eine größere Rolle als in der schließlich gedruckten. Offenbar verband sich zur Zeit Kants semantisch das Technische zunehmend mit dem Mechanisch-Werkzeuglichen. Eine Generation später wurde begrifflich deut-

79 I. Kant: Kritik der Urteilskraft, S. 410, S. 233; I. Kant: Erste Einleitung zur Kritik der Urteilskraft, S. 214.

licher zwischen dem Künstlerischen und Technischen unterschieden: August Koelles *System der Technik* von 1822 ist dann
wohl eines der ersten Bücher, in dem ausdrücklich von der Technik im heutigen Wortsinn die Rede ist.[80]

b) Vom prometheischen Selbstverständnis zur Selbstbefragung als Homo faber

Erst mit Hegel und Marx, das heißt in der Zeit rasanter industrieller Fortschritte, konnte die Technisierung erstmals zu einer da-
seinsbestimmenden Kategorie und damit zum Gegenstand philosophischer Auseinandersetzungen werden. Es ist insofern nicht
falsch, wenn man Hegel mit Christoph Hubig in bezug auf dessen Auseinandersetzung mit dem Begriffsfeld des »Mittels« – der
Vermittlung, des Unmittelbaren etc. – als einen frühen Technikphilosophen bezeichnet.[81] Insbesondere im ersten Band des *Ka-
pitals*, im Kapitel »Maschinerie und große Industrie«, finden sich
dann Passagen, in denen Marx den Stand der Technik vor dem
Hintergrund sozialökonomischer und anthropologischer Überlegungen nachzeichnet.[82]

Die Industrielle Revolution wäre ohne das bereits seit der Renaissance etablierte prometheische Selbstverständnis des Menschen nicht möglich gewesen. Günther Anders hat dieses prometheische Potential auch in Fichtes Philosophie ausgemacht, wenn
auch in vulgäridealistischer Verknappung: »Fichtes ›sich selbst
setzendes Ich‹ ist die spekulative Umschreibung des selfmade
man, also des Menschen, der nicht geworden, nicht geboren sein
will, sondern wünscht, sich als sein eigenes Produkt sich selbst zu

---

80 Siehe dazu P. Fischer (Hg.): Technikphilosophie, S. III ff.
81 C. Hubig: Macht und Dynamik der Technik – Hegels verborgene Technikphilosophie.
82 K. Marx: Das Kapital I, S. 391 ff.

verdanken.«[83] Diese Verwandlung eines erkenntnistheoretischen Prinzips in ein ontologisches oder anthropologisches Modell hatte auch Goethe im Blick, als er im *Faust II* dem Bakkalaureus folgende Selbstvergottungsformel in den Mund legt: »Die Welt, sie war nicht, eh' ich sie erschuf.«[84] Für die Dynamik der Technisierung heißt das: Das Bewußtsein der prometheischen Potenz, also das Bewußtsein, durch Technik mehr Einfluß auf die Wirklichkeit nehmen oder zentrale Probleme der Menschheit lösen zu können, bildet die Grundlage für die Entwicklung derselben. Angesichts der prometheischen Selbstbehauptung ist es kein Zufall, daß in diese Zeit auch eine verstärkte literarische Auseinandersetzung mit dem technischen Selbstverständnis fällt – und zwar, Texte wie *Faust II*, Mary Shelleys *Frankenstein* oder Nathaniel Hawthornes *The Birth-Mark* zeigen das überdeutlich, ausgerechnet im Bereich der Biotechnologie avant la lettre. Trotz faktisch noch nicht sonderlich ausgereifter Möglichkeiten wird das Schaffen und Gestalten des Menschen bereits zum Gegenstand der künstlerischen Einbildungskraft. Ein Grund dafür, die Technik bereits zu dieser Zeit in der Anwendung auf den Menschen zu imaginieren, ist die Figur des prometheischen Sich-selbst-Verdankens des Andersschen Selfmademan.

Die radikale Veränderung der Lebenswelt durch den technischen Fortschritt weckte schon damals vielerlei Befürchtungen. Goethe hatte in *Wilhelm Meisters Wanderjahre* den Ängsten der beginnenden Industrialisierung in den Worten der Weberin Susanne folgenden ahnungsvollen Ausdruck verliehen: »Das überhandnehmende Maschinenwesen quält und ängstigt mich, es wälzt heran wie ein Gewitter, langsam, langsam; aber es hat seine

---

83 G. Anders: Die Antiquiertheit des Menschen I, S. 325.
84 J. W. von Goethe: Faust II, V. 6794.

Richtung genommen, es wird kommen und treffen.«[85] Es sollte jedoch noch dauern, bis sich das Bewußtsein für die Technik als realitätsbestimmende und geschichtsmächtige Kategorie allgemein durchsetzt. Wie ein Vergleich der Brockhaus-Jahrgänge von 1836, 1886 und 1934 zeigt, hält sich im 19. Jahrhundert, *mutatis mutandis*, die Definition der Technik als »Kunst«. Erst der »braune« Brockhaus aus dem Jahr 1934 thematisiert den Zusammenhang zwischen der Technik und den gewandelten Lebensbedingungen der Menschen; allerdings schlägt er in einer unguten Melange aus Technikphobie und Glorifizierung des »Völkischen« einen kulturkritischen bis endzeitlichen Ton an.

Einmal von der fragwürdigen Redaktion des entsprechenden Artikels abgesehen, fließen hier einige Motive aus der Technik-Debatte der zwanziger Jahren mit ein, in der sich das Unbehagen an der Technik und an der »Mechanisierung des Geistes« (Walther Rathenau, Ludwig Klages) immer deutlicher zu äußern begann. Die zwanziger Jahre können insofern als eine erste Phase der expliziten Selbstverständigung über Technisierungsprozesse gelten. Auf der Basis verschiedener Vorarbeiten – etwa Ernst Kapps Philosophie der Technik oder den Überlegungen Max Eyths und Friedrich Dessauers – ist Cassirer schließlich einer der ersten, der die Technik als veritables philosophisches Thema salonfähig machte: Es hat symbolischen Wert, daß einer der renommiertesten Philosophen seiner Zeit der Technik einen systematischen Aufsatz widmet.

Spätestens jetzt wird das Selbstverständnis des Menschen als Techniker endgültig reflexiv. Denkt man seitdem über den Menschen nach, muß die Besonderheit des Daseins *sub specie technologiae* oder, mit Arno Baruzzi, *sub specie machinae*,[86] zentraler Ge-

85 J. W. von Goethe: Wilhelm Meisters Wanderjahre, S. 429.
86 A. Baruzzi: Mensch und Maschine.

genstand der menschlichen Selbstverortung sein. Das Reflexiv-werden des Selbstverständnisses des Menschen als Techniker läßt sich insbesondere an der Selbstvergewisserungsbewegung über die Grundlagen des eigenen Seins ablesen, für die Autoren wie Jaspers, Arendt, Anders, Heidegger und Blumenberg stehen und die jenes philosophische Kraftzentrum der fünfziger Jahre bilde-ten, von dem oben bereits die Rede war.

3 Die antithetische Grundstruktur von Technisierungsprozessen

Technisierungsprozesse generieren und etablieren Rationalität. Die Technik erschließt Funktionszusammenhänge, die zu unserer Welt gehören, sie garantiert den gleichförmigen Ablauf der industriellen Fertigung. Technik schließt auch die Kompetenz ein, Dinge sachgerecht herzustellen und anzuwenden. Damit dient sie der Gestaltung des Raumes als Lebensraum.[1] Die indoeuropäischen Ursprünge des Technik-Begriffs (*tek) liegen im semantischen Feld des Hausbaus: Die Technik hat ihre Wurzeln also im Bereich des sich Einrichtens in der Lebenswelt, im Lebensdienlichen. Die Technik, das habe ich bereits betont, trägt nicht nur zur Befriedigung von Grundbedürfnissen bei, sondern dient ganz wesentlich dazu, unser Leben komfortabler zu gestalten. Es ist mehr als eine süffisante Pointe, wenn Richard Sennett darauf hinweist, daß selbst der technikfeindliche Heidegger in seine Hütte auf dem Todtnauberg Strom und Wasser legen ließ.[2] Man kann die technischen Standards der Gesellschaft, in der man lebt, nicht längere Zeit absichtlich unterbieten.

Diese Bemühungen zur Gestaltung des Lebensraums führen aber auch dazu, daß die Technik Räume homogenisiert. Sie führt zu einer Vereinheitlichung der Lebensführung, die zwar Handlungsspielräume erweitern mag – dies jedoch vor dem Hintergrund eines bestimmten Repertoires von Optionen, das für Alternativen desensibilisieren kann. Weiterhin schafft, auch das habe ich bereits hervorgehoben, Technik viele Bedürfnisse, die sie dann selbst erfüllt oder zu erfüllen vorgibt. Technisierungsprozesse sind

1 Siehe dazu auch P. Fischer: Philosophie der Technik.
2 R. Sennett: Handwerk, S. 116.

ohne diese Bedürfnisdynamik nicht zu beschreiben. Natürlich geht dies oft Hand in Hand mit Vermarktungsinteressen, wir haben es allerdings mit einer Dynamik zu tun, die der Technisierung selbst inhärent ist: Eine Technologie verlangt die nächste, induziert also Bedürfnisse nach noch mehr neuer Technologie.

Die Erweiterung des Verfügbarkeitsrahmens kann zu Erfahrungen der Beschleunigung und zur Unterminierung traditioneller Orientierungen und Selbstbilder führen. Daher können Technisierungsprozesse nicht nur stabilisierend, sondern auch destabilisierend wirken. Die Möglichkeit der Kontrolle zuvor unkontrollierbarer Bereiche – die reproduktionsmedizinische Technisierung der Fortpflanzung und die medizinische Begleitung von Sterbeprozessen sind hier sicher die besten Beispiele – ist ein Charakteristikum solcher Prozesse, die bislang gültige und im Selbstbild des Menschen verankerte Grenzen überschreiten können; hier hat auch der Diskurs über das Natürliche seinen Ursprung, er stellt einen Versuch dar, das Unverfügbare eben als das Natürliche zu beschreiben.

Da Technisierungsprozesse und die ihnen eigene Rationalität offenbar eine zweischneidige Angelegenheit sind, möchte ich im folgenden in einem ersten Schritt drei zentrale Momente technischer Rationalität herausarbeiten, um dann in einem zweiten Schritt die inhärenten Depravationsstrukturen dieser Rationalitätsformen aufzuzeigen. Dabei werde ich die antithetische Grundstruktur der Technisierung zu beschreiben versuchen, die keinesfalls als Stoff für eine Verfallsgeschichte verstanden werden soll. Im Gegenteil: Das »Positive« der Technisierungsprozesse kann besonders gut über die Erfahrung und Einsicht in das »Negative« verstanden werden. Erst durch die differenzierte Beschreibung der Entfremdungsphänomene innerhalb ihrer antithetischen Grundstruktur wird das Wertvolle der Technisierungsprozesse sichtbar.

Diese Bewertungsmatrix mag dialektisch anmuten, mir geht es jedoch nicht um eine geschichtsphilosophische Unternehmung, sondern ich verstehe Dialektik hier eher im Sinne der Kantischen Antinomien aus der *Kritik der reinen Vernunft*: Die Wahrheit über die technische Welt bleibt ambivalent. Sowohl für die Thesen als auch für die Antithesen sprechen gute Gründe, beide zusammen beschreiben den Charakter der Technisierung.

Diese antithetische Grundstruktur betrifft das Selbstverständnis des Menschen als rationales Wesen. Ausgangspunkt für diese quasidialektische Beschreibung der Technisierungsprozesse sind die Störungen, die sie auch in den Versuchen auslösen, sie selbst zu verstehen. Solche Störungen manifestieren sich etwa in der von Blumenberg beschriebenen Spannung zwischen der *Leistung* der Technisierung und der *Einsicht* in das mit ihr verbundene qualitativ Gute für den Menschen. Die Leistungssteigerungen, die mit der Entwicklung der modernen Technik möglich werden, können in einen Widerspruch geraten zu ihrer Integration in einen verstehenden Lebensvollzug: Einerseits generiert der Mensch technische Rationalitätsformen, andererseits können diese mit einem verstehenden, sinnexplikativen Bezugsrahmen kollidieren, wenn die technische Rationalität zum Maßstab von Rationalität überhaupt wird.[3]

Technisierungsprozesse dürfen Verstehensprozesse nicht unterlaufen. Wenn die Motive für Technisierungsprozesse nicht endogen entstehen oder nicht als endogene verstanden werden, kann dies zu Entfremdungserfahrungen führen. Einsichten können nicht verordnet werden. Das Verstehen solcher Entwicklungen steht, in Anlehnung an Kant, im Zusammenhang mit der Forde-

---

3 Siehe H. Blumenberg: Lebenswelt und Technisierung, S. 51.

rung nach einem Primat der praktischen Vernunft. Denn die Nichtentscheidbarkeit der letzten theoretischen Fragen muß auch hier zu einer Reflexion über die Ziele und Hoffnungen des Menschen führen. Die Technik bietet Lösungen, aber keine Antworten.

Die Rationalität der Technisierung: Thesen

Die Technik ist durch drei Momente charakterisiert: *Erstens* konstituiert sie einen wesentlichen Teil der Objektwelt und verweist in der Produktion und im Umgang mit Artefakten auf das produzierende und Techniken verwendende Selbst zurück. Als Medium der Selbsterfahrung ist sie, darauf habe ich im Zusammenhang mit den Überlegungen Cassirers hingewiesen, mit der Sprache vergleichbar. *Zweitens* ist die Technik durch die Optimierung von Verfahren gekennzeichnet. Technisierung bedeutet auch, das Funktionieren bestimmter Vorgänge zu verbessern, um damit ihre Leistungsfähigkeit zu steigern und unreflektierte Wiederholungen zu ermöglichen. Und *drittens* sind solche Prozesse als eine Ausweitung des Kontingenzbereichs beschreibbar.

1. Generierung und Garantie von »Objektivität«

Es mag überraschen, daß Martin Heidegger einer der ersten war, die die Bedeutung der Technik für die Welt- und Selbstkonstitution analysierten. In den phänomenologischen Untersuchungen in *Sein und Zeit* nimmt die Beschreibung des »Zuhandenen« eine zentrale Stellung ein.[4] Unter dem Zuhandenen versteht Heideg-

4 M. Heidegger: Sein und Zeit, S. 66 ff.

ger die Dinge, mit denen der Mensch im Alltag umgeht. Sein Beispiel ist der Hammer. Wir verstehen die Funktion des Hammers, indem wir ihn gebrauchen. Haben wir einmal einen Nagel damit eingeschlagen, wissen wir, wozu er gut ist. Verwenden wir den Hammer, um etwas herzustellen, dann verweist das herzustellende Werk auf andere Werkzeuge und Materialien; wir erkennen einen gewissen Zusammenhang. In dieser pragmatistischen Perspektive erscheinen die Dinge – so Heideggers Pointe gegen die klassische Metaphysik – nicht einfach als nur »vorhandene« Objekte, als die Gegenstände unserer theoretischen Erkenntnis. Wir verstehen die Dinge erst, wenn wir mit ihnen umgehen, wenn wir ihre »Bewandtnis« kennen. Heideggers »Dasein« präsentiert sich als Techniker.

Infolgedessen haben das Herstellen und der Umgang mit technischen Dingen auch Auswirkungen auf den Menschen:

> »Das Werk wird ihm auf den Leib geschnitten, er ›ist‹ im Entstehen des Werkes mit dabei. In der Herstellung von Dutzendware fehlt diese konstitutive Verweisung keineswegs; sie ist nur unbestimmt, zeigt auf Beliebiges, den Durchschnitt. Mit dem Werk begegnet demnach nicht allein Seiendes, das zuhanden ist, sondern auch Seiendes von der Seinsart des Menschen, dem das Hergestellte in seinem Besorgen zuhanden ist; in eins damit begegnet die Welt, in der die Träger und Verbraucher leben, die zugleich die unsere ist.«[5]

In der Technik konstituiert sich die Welt, in der wir zusammenleben. Damit hat zumindest die handwerkliche Technik eine Form von Rationalität und damit Legitimität für das Welt- und Selbstverständnis. In den späteren Schriften Heideggers wird die Technik, wie noch zu sehen sein wird, diesen anthropologischen und

5 Ebd., S. 70 f.

ontologischen Kredit wieder verlieren. Die Analysen aus *Sein und Zeit* verdeutlichen jedoch, daß der Mensch sich nicht nur durch die Sprache zu sich selbst verhält, sondern auch durch Technik. Von *Sein und Zeit* ist es dann nur noch ein kleiner Schritt zu einem leibphänomenologischen Verständnis der Technik. Merleau-Pontys berühmtes Beispiel vom Spazierstock als Verlängerung des Körpers verdeutlicht, wie die Technik Teil unseres Leibes und damit selbstverständlicher Teil unseres Selbstseins werden kann; Merlau-Ponty schreibt dann weiter:

> »Sich an einen Hut, an ein Automobil oder an einen Stock gewöhnen, heißt, sich in ihnen einrichten, oder umgekehrt, sie an der Voluminosität des eigenen Leibes teilhaben zu lassen. Die Gewohnheit ist der Ausdruck unseres Vermögens, unser Sein zur Welt zu erweitern oder unsere Existenz durch Einbeziehung neuer Werkzeuge in sie zu verwandeln. Man kann Schreibmaschine schreiben können, ohne anzugeben zu wissen, wo sich auf der Klaviatur die Buchstaben befinden, aus denen man die Worte zusammensetzt.«[6]

Diese Überlegungen könnten als Grundlage für die phänomenologische Beschreibung der Inkorporierung von Prothesen oder Neuroprothesen dienen. Dies ist, wie es scheint, eine der großen Herausforderungen bei der tiefen Hirnstimulation: Hier scheint die ungewöhnliche Weise der technischen Einflußnahme auf sich selbst mittels des »Hirnschrittmachers« und die möglicherweise damit verbundene veränderte Identität von der Einnahme von Medikamenten phänomenologisch unterschieden zu sein. Die »Einverleibung« ist von gänzlich anderer Art. Darüber hinaus gibt es Untersuchungen, die zeigen, daß virtuelle Körper als »eigene« empfunden werden und damit das Körperempfinden aus-

6 Siehe M. Merleau-Ponty: Phänomenologie der Wahrnehmung, S. 173.

geweitet wird.[7] Auch dies ist eine Herausforderung für die zeit-gemäße Beschreibung des Zuhandenen.

Cassirer, der Heideggers Analyse des Zuhandenen zu schätzen wußte,[8] hatte selbst bereits im zweiten Band der *Philosophie der symbolischen Formen* die Bedeutung der Technik für die »Heraus-bildung des Selbstgefühls« beschrieben. Die Verwendung des Werkzeugs sieht er als »eine entscheidende Wendung im Fort-gang und im Aufbau des geistigen Selbstbewußtseins«, denn: »Der Gegensatz zwischen der ›inneren‹ und der ›äußeren‹ Welt beginnt jetzt, sich schärfer zu akzentuieren: Die Grenzen zwi-schen der Welt des Wunsches und der Welt der ›Wirklichkeit‹ fangen an, klarer herauszutreten.«[9] In einem Rückgriff auf Hegel betont Cassirer, dieses »vermittelnde Tun« führe zur »Selbstän-digkeit« des Menschen, zu der auch gehöre, daß »der Mensch *in sich frei sey*, erst wenn er selbst frei ist, läßt er die Außenwelt sich frei gegenübertreten, andere Menschen und die natürlichen Dinge.«[10]

Damit wird nicht nur die Distanz zwischen Subjekt und Ob-jekt möglich, sondern das Bewußtsein der Mittel ist die Grund-lage des Einblicks in das »kausale Gefüge« der Welt. Die Wirk-lichkeit wird durch sachgerechten und funktionalen Gebrauch der Werkzeuge konstituiert, und seien sie noch so primitiv: »Die-se Entdeckung ist Aufdeckung: ist das Erfassen und Sichzueigen-machen eines wesenhaften und notwendigen Zusammenhangs, der zuvor verborgen lag.«[11] Die Welt des Menschen erhält durch

---

7 Siehe dazu Schmitt: Forscher lassen Menschen aus dem eigenen Kör-per fahren, http://www.spiegel.de/wissenschaft/mensch/0,1518,501713,00. html.

8 E. Cassirer: Philosophie der symbolischen Formen III, S.167 f.

9 E. Cassirer: Philosophie der symbolischen Formen II, S.251.

10 Ebd., S.252.

11 E. Cassirer: Form und Technik, S.157.

den Raum des »Objektiv-Möglichen« neue Konturen; die Möglichkeiten und Grenzen des technischen Wirkens lassen sich ausgehend von den objektiven Gegebenheiten immer genauer bestimmen. Das technisch Mögliche wird auch das Realistische.

Das technische Wirken ist durch einen »Doppelprozeß« charakterisiert: »[J]ede solche [technische] Auseinandersetzung fordert nicht nur Nähe, sondern Entfernung; nicht nur Bemächtigung, sondern auch Verzicht, nicht nur die Kraft des Erfassens, sondern auch die Kraft der Distanzierung.«[12] Diese Distanz ermöglicht dem Menschen eine »eigentümliche *Blick*richtung«[13] auf die Welt: Er ist nicht mehr gebannt von seinen unmittelbaren Wünschen, sondern erlernt eine bestimmte Form des Sehens, die ihm neue Möglichkeiten bietet, die Dinge zu begreifen und zu gestalten. Das technische Denken impliziert eine gewisse »Ab-Sicht« und »Voraus-Sicht«; damit entsteht unter anderem auch, jenseits mythisch-magischer Ursache-Wirkungs-Zusammenhänge, das Verständnis einer »objektiven Kausalität«. Daher nennt Cassirer die Technik in einer Vorlesung, die er 1941/42 in Yale hielt, »new method of life«.[14]

Die Technik, so Cassirer in seinen Entwürfen zum vierten Band der *Philosophie der symbolischen Formen*, ist ein »Durchgangspunkt des Verstehens«.[15] Dort schreibt er: »[W]ir erkennen den eigenen Körper erst, indem wir ihn technisch aufbauen – Auch alle Physio-Logie ist an das Bilden, an das technische Erkennen gebunden –«.[16] Da die Technik keinesfalls die Dinge einfach »vergewaltigt«, sondern zur Kenntnis ihres inneren Aufbaus bei-

12 Ebd., S. 156.
13 Ebd., S. 161.
14 E. Cassirer: Vorlesungen und Studien zur philosophischen Anthropologie, S. 251.
15 E. Cassirer: Zur Metaphysik der symbolischen Formen, S. 256.
16 Ebd.

trägt, forderte Cassirer eine »Logodizee des Technischen«,[17] also eine Verteidigung der Technik gegen den Vorwurf, sie diene nur der Wirklichkeitsbemächtigung und entfremde den Menschen von sich selbst.

Die Technik ist vielmehr ein wesentlicher Aspekt der menschlichen Existenz; durch Technisierungsprozesse schafft sich der Mensch Objektivität. Daher ist jeder Versuch, zu einer vortechnischen Natur des Menschen zurückzukehren, eine Sisyphosarbeit. Der *uomo pre-tecnologico*[18] kann nur noch eine Fiktion sein. Die Rationalität der Technik ist Teil unseres epistemischen Selbstverhältnisses, das heißt, wir entwickeln unseren Begriff von uns selbst zwar nicht nur, aber auch in der Benutzung von Technik. Dahinter steht die von Giambattista Vico geprägte Formel des »verum et factum convertuntur«, die Einsicht, daß wir nur das verstehen können, was wir selbst herzustellen in der Lage sind.

Doch wie verhält es sich mit der modernen Hochtechnologie? Inwiefern trägt sie zur Konstitution unserer Objektivität bei, wo wir doch oft gar nicht wissen, wie sie genau funktioniert? Kann hier noch die Rede davon sein, daß wir uns durch die Technik selbst erkennen? Auch wenn es plausibel erscheint, den alltäglichen Umgang mit handwerklicher Technik als Strukturierung der »objektiven«, uns umgebenden Welt zu verstehen, so scheinen sich komplexere Techniken der laienhaften Erkenntnis und damit der Selbsterkenntnis zu entziehen. Wer kann schon erklären, warum ein Flugzeug fliegt oder wie ein Computer rechnet? Wir mögen mit dem Verstehen solcher Apparate haushoch überfordert sein, doch wir integrieren das Fliegenkönnen und die veränderten Bedingungen des Schreibens durch den Computer in

17 Ebd.
18 U. Galimberti: Psiche e techne, S. 42.

die Organisation unseres Alltags. Wir machen diese Techniken zu einem Teil unserer selbst, indem wir sie in unsere Handlungsoptionen und – wie das Internet und andere mediale Möglichkeiten – in unser Selbstdarstellungsrepertoire einreihen. Weitreichender und verzwickter sind die Konsequenzen bei Eingriffen in das Gehirn, wenn sich etwa durch DBS die Wahrnehmung oder die Einstellung gegenüber der äußeren Welt ändert. Hier interferiert die Erweiterung des objektiven Wissens über die Funktionsweisen des Gehirns mit der Änderung der subjektiven Konstitution von Realität. Descartes nannte die Instanz der umfassenden Täuschung über die Wirklichkeit »genius malignus«. Solange man diesem aber noch auf die Finger schauen kann, kann man die technische Manipulation der Wirklichkeitswahrnehmung mit anderen Erfahrungsdimensionen abgleichen, zum Beispiel der sozialen (etwa der Perspektive nahestehender Personen auf den Patienten) oder der narrativen (der Stimmigkeit der eigenen Geschichte), und entsprechende Korrekturen vornehmen. Das Gehirn ist nicht im Tank.

2. Effizienzsteigerung

José Ortega y Gasset hat die Leistung der Technik in die Formel »Anstrengung, Anstrengung zu ersparen«[19] gefaßt. Er beschreibt damit die Tatsache, daß sich in der Technik eine bestimmte Form der Rationalität ausdrückt, die etwas mit Formalisierungen und Funktionalisierungen zu tun hat. Technisierung bedeutet oft Vereinfachung von Verfahren und Abläufen mit dem Ziel, ihre Effektivität zu steigern oder Prozesse zu beschleunigen. Die Frage, wie etwas besser funktionieren könnte, gehört zu den leitenden

19 J. Ortega y Gasset: Betrachtungen über die Technik, S. 24.

Fragen der Technikentwicklung. Die Technisierung beruht auf einer Ökonomie des Denkens, sie ist, mit Robert Musil gesprochen, eine »Leidenschaft des Sparens« – und als erkenntnistheoretische Ökonomie ist sie letztlich der »Triumph der geistigen Organisation«, deren Folge nach Musil etwa die Ersetzung der »Landstraße mit Wettergefahr und Räuberunsicherheit« durch Schlafwagenlinien ist.[20] Dieser Triumph der geistigen Organisation ist auch der Grund der Automatisierung: Man stellt Bedingungen für Abläufe her, die ohne individuelles Zutun vonstatten gehen.[21] Solche Automatisierungen machen Hochtechnologien überhaupt erst möglich.

Historisch gesehen, ist diese Form der Technisierung nicht zu trennen von der Ausprägung eines bestimmten Wissenschaftsideals in der Neuzeit. Blumenberg hat diesen Zusammenhang folgendermaßen auf den Punkt gebracht: Das wissenschaftliche Paradigma der Neuzeit verlangt,

> »daß das geschichtlich je schon Geleistete zur Voraussetzung des noch zu Leistenden gemacht werden kann, also seine Funktionalisierung als nur noch erlernbarer Erkenntnisbesitz und als übernehmbare Methodik. Nur so kann der Ausgangspunkt des Fortschreitens immer weiter ins Unbegangene vorgeschoben werden. Und Formalisierung ist nichts anderes als die handlichste, dienstbarste Art solcher Funktionalisierung des einmal Geleisteten; aber sie ist eben auch schon potentiell Technisierung, denn was formalisiert werden kann – das heißt: was seine Anwendbarkeit unabhängig von der Einsichtigkeit des Vollzuges gewinnt –, das ist auch im Grunde schon mechanisiert, auch wenn die realen Mechanismen zu seiner Speiche-

20 R. Musil: Tagebücher, S. 593.
21 Siehe H. Arendt: Vita activa, S. 135 ff.; A. Gehlen: Der Mensch und die Technik, S. 20 ff.

rung und geregelten Assoziation nicht bereitgestanden haben.«[22]

Den Technisierungsprozessen liegen effizienzorientierte Logiken zugrunde. Aus Sicht der technischen Rationalität sei es irrelevant, schreibt Blumenberg in seinem Aufsatz »Nachahmung der Natur«, »ob zufällig die Natur nachgeahmt wird oder ob eine dort nicht realisierte Lösung Platz greift; das normative Prinzip der *Ökonomie* ist eine Idee des menschlichen Geistes für seine Leistungen, nicht für die Produktionen der Natur«.[23]

Dieses »normative Prinzip der Ökonomie« treibt die Technisierung voran, denn nur so läßt sich jener gezielte Sinnverzicht erreichen, den das neuzeitliche Wissenschaftsideal verlangen muß. Blumenberg spricht hier ausdrücklich von *Sinnverzicht.* Im Gegensatz zu Husserls kulturkritischer Diagnose des *Sinnverlusts* beschreibt er den methodischen Sinnverzicht als notwendige Formalisierungsmaßnahme, um nicht immer wieder von vorne anfangen und nicht noch einmal den Sinn der Forschung oder einer Technik begründen zu müssen. Und weil diese Funktionalisierungstendenz der wissenschaftlichen und technischen Rationalität nun einmal inhärent ist, kann Blumenberg betonen, daß Technisierung nicht nur, oder nicht in erster Linie mit Geräten und Maschinen zu tun habe, sondern vor allem ein Vorgang sei, »der sich am theoretischen Substrat selbst« abspielt.[24] Husserl betont in diesem Zusammenhang, daß die »Realisierung« der Technisierungsprozesse in den Maschinen eine sekundäre Erscheinung darstelle, da die Wissenschaft und ihre Methoden zu »einer offenbar sehr Nützliches leistenden und ihre Methode

22 H. Blumenberg: Lebenswelt und Technisierung, S. 41 f.
23 H. Blumenberg: »Nachahmung der Natur«, S. 88.
24 H. Blumenberg: Lebenswelt und Technisierung, S. 31.

darin verläßlichen Maschine« geworden seien.[25] Weil solche Prozesse nicht nur durch eine inhärente Verfahrensoptimierung charakterisiert sind, sondern weil diese Optimierung im Prinzip niemals abgeschlossen werden kann, weil sie, wie die natürliche Evolution, kein Ziel kennt, entsteht eine gewisse Spannung zwischen der sich als unendlich enthüllenden Aufgabe und »der als konstant gegeben vorgefundenen Daseinskapazität des Menschen«.[26] Einmal mehr zeigt sich, daß Technisierungsprozesse durch Kriterien der Optimierung (man denke hier an die Tendenz der Miniaturisierung der Technik in der Nanotechnologie oder die Möglichkeiten der Hochgeschwindigkeitsrechner, die sich aus der Logik der technischen Rationalität ergeben) charakterisiert sind und nicht durch den Gegensatz zur Natur.

3. Erweiterung des Verfügbarkeitsrahmens

Technik ist ganz wesentlich dadurch charakterisiert, daß sie neue Möglichkeiten, auch neue Denk-Möglichkeiten erschließt (wenn auch um den Preis, andere zu verschließen). Motor der Entwicklung von Technologien mögen handfeste ökonomische Interessen sein, doch auch die Neugierde spielt hier eine große Rolle. So wie es eine »theoretische Neugierde« gibt,[27] gibt es auch eine technische Neugierde, die über die Grenzen des Gegebenen hinaus will, um mit dem Blick auf das Mögliche das Wirkliche als das Verfügbare neu zu definieren.

Das technische Wirken ist nur unter der Maßgabe des Möglichen zu verstehen, das Werkzeug, so Cassirer, »kann erst dort

25 E. Husserl: Die Krisis der europäischen Wissenschaft und die transzendentale Phänomenologie, S. 52.
26 H. Blumenberg: Lebenswelt und Technisierung, S. 51.
27 Siehe dazu H. Blumenberg: Die Legitimität der Neuzeit, S. 263 ff.

entstehen, wo der Geist fähig geworden ist, ein ›mögliches‹ Objekt zu ergreifen und zu konzipieren, statt sich direkt an ein wirkliches herzugeben und an dasselbe zu verlieren«.[28] Die Leistung der Technik besteht darin, das Wirkliche aus dem »Reich des ›Möglichen‹«[29] zu betrachten; es ist diese Blickrichtung, die die vielleicht größte und denkwürdigste Leistung der Technik darstellt. Vom Reich des Möglichen inspiriert, fragt die Technik »nicht in erster Linie nach dem was *ist*, sondern was sein *kann*«.[30] Der Techniker braucht also neben dem Wirklichkeitssinn einen »Möglichkeitssinn«, den Robert Musil im *Mann ohne Eigenschaften* als Fähigkeit beschreibt, »alles, was ebensogut sein könnte, zu denken und das, was ist, nicht wichtiger zu nehmen, als das, was nicht ist«.[31] Diese Haltung könnte Vorbild sein für die transhumanistischen Varianten der Anti-Aging-Medizin, für die die Abschaffung des Todes die Arbeitshypothese geworden ist.

Der Begriff der Technik ist damit eng an den Begriff der Kontingenz geknüpft, an das zufällig, nicht notwendig Daseiende. Denn vor dem Hintergrund des Kontingenz-Begriffs wird die Wirklichkeit aus der Perspektive des Notwendigen und des Möglichen beurteilt. Und das Bewußtsein dieser Perspektive stellt technische Handlungsoptionen bereit. Die Kontingenz hat in der Antike ein Äquivalent (im Aristotelischen *endechómenon*), ist aber eigentlich ein originär christlich-theologischer Begriff: »Kontingenz«, definiert Blumberg in seinem Artikel für das Lexikon *Religion in Geschichte und Gegenwart*,

> »bringt eine ontische Verfassung einer aus dem Nichts geschaffenen und zum Vergehen bestimmten, nur durch den gött-

---

28 E. Cassirer: Zur Metaphysik der symbolischen Formen, S. 40.
29 E. Cassirer: Form und Technik, S. 176.
30 Ebd.
31 R. Musil: Der Mann ohne Eigenschaften, S. 16.

lichen Willen im Sein gehaltenen Welt zum Ausdruck, die an der Idee des unbedingten und notwendigen Seienden gemessen wird [...]. [D]ie Welt ist kontingent als eine Wirklichkeit, die, weil sie indifferent zu ihrem Dasein ist, Grund und Recht zu ihrem Sein nicht in sich selbst trägt. Das Sein der Welt nimmt Gnadencharakter an.«[32]

Ausgehend von dieser Konstruktion (nicht notwendig und doch gleichzeitig nicht vollständig nichtnotwendig zu sein), ist die Kontingenz bisweilen auf- und bisweilen abgewertet worden. Sie konnte als das bloß Nebensächliche, ja Eitel-Überflüssige verstanden werden – und sie konnte als die Sphäre des Besonderen und Schützenswerten, weil Menschlichen gelten. Damit bezeichnet die Kontingenz einen Aspekt menschlichen Daseins, mit dem wir uns irgendwie arrangieren müssen; die Kontingenz wird bei Heidegger zur »Geworfenheit«, ein Begriff, der die strukturelle Nicht-Notwendigkeit der menschlichen Existenz zum Ausgangspunkt eines anthropologischen Selbstlegitimierungsgrundes macht.

Die Betrachtung der Wirklichkeit vor dem Hintergrund des Nicht-Notwendigen ist somit ein Motor von Technisierungsprozessen, denn das »Bewußtsein von der Kontingenz der Wirklichkeit ist«, so Blumenberg,

»nun aber die Fundierung einer technischen Einstellung gegenüber dem Vorgegebenen: Wenn die gegebene Welt nur ein zufälliger Ausschnitt aus dem unendlichen Spielraum des Möglichen ist, wenn die Sphäre der natürlichen Fakten keine höhere Rechtfertigung und Sanktion mehr ausstrahlt, dann wird die Faktizität der Welt zum bohrenden Antrieb, nicht nur das Wirkliche vom Möglichen her zu beurteilen und zu kritisieren,

32 Siehe H. Blumenberg: Art. Kontingenz.

sondern auch durch Realisierung des Möglichen, durch Ausschöpfung des Spielraums der Erfindung und Konstruktion das nur Faktische aufzufüllen zu einer in sich konsistenten, aus Notwendigkeit zu rechtfertigenden Kulturwelt.«[33]
Die Ausweitung des Einflußbereichs des Menschen, die Realisierung des zunächst bloß Möglichen, hat den Effekt, daß das vormals Notwendige, Nicht-Hintergehbare in das Kontingente aufgelöst wird. Und dies – das ist das Paradoxe – aus dem Bedürfnis heraus, die Erfahrung der Kontingenz irgendwie zu kompensieren, zu bewältigen. Die von Hermann Lübbe ins Feld geführte religiöse und philosophische Aufgabe der »Kontingenzbewältigung« ist aus einer transzendenten Verlusterfahrung entstanden, die mit Blumenbergs oben genanntem Theorem des »Ordnungsschwundes« verwandt ist, und bezeichnet die Notwendigkeit des Umgangs mit der Zufälligkeit und Fragilität unserer Existenz.[34] Diese Aufgabe fällt in der Moderne immer mehr der Technik zu.

Mit den Möglichkeiten insbesondere der Medizintechnik versucht der Mensch, auf die Zumutungen der *conditio humana* zu reagieren, indem er seine Kontrolle über »natürliche« Prozesse optimiert; hier ist etwa an die »Modularisierung« der Fortpflanzungsprozesse zu denken, durch die jeder einzelne Fortpflanzungsschritt einer »Qualitätsprüfung« unterzogen werden kann. Dies gilt auch für die Enhancement-Techniken: Wenn die Zufälligkeit unserer Existenz hinsichtlich Aussehen, Intelligenz, Talenten oder der Gebrechlichkeit unseres Körpers traditionell Anlaß zu Sorge oder zu einem Hadern mit dem Schicksal ist, dann bietet die Technik immer wieder Möglichkeiten, Verfügbarkeitsbereiche zu schaffen, die uns scheinbar einen Ausweg aus unserer kontingenten Verfassung bieten. Doch wird mit jeder Erweite-

33 H. Blumenberg: Lebenswelt und Technisierung, S. 47.
34 H. Lübbe: Religion nach der Aufklärung, S. 160 ff.

rung des Verfügbarkeitsbereichs, also der Bewältigung des Kontingenten, auch der Bereich des Kontingenten selbst erweitert. Die Technisierung der Fortpflanzung ist hier das signifikanteste Beispiel. Weil offenbar die genetische Zufälligkeit schwer zu ertragen ist, versuchen manche Menschen, Wissen über die genetischen Aussichten des Nachwuchses zu erlangen, um dessen Leben »sicherer« machen zu können. Auch beim Einfrieren von Eizellen, die im höheren Alter noch Schwangerschaften ermöglichen sollen, geht es darum, das bislang Notwendige, die Rückbindung der Fortpflanzung an bestimmte Lebenszyklen, in den Bereich des Kontingenten und damit des Verfügbaren zu überführen.[35]

Strukturphänomene der Entfremdung: Antithesen

Die genannten Momente von Technisierungsprozessen können auch zu Verlust- und Entfremdungserfahrungen führen. Denn gerade weil der Maßstab für den Sinn oder die Grenzen der Technisierung nicht in ihr selbst liegt, kann sie sich »verselbständigen« und eigene Normen des Welt- und Selbstumganges generieren, die Unbehagen auslösen. Im folgenden sollen daher am Beispiel verschiedener klassischer technikkritischer Positionen die Depravationsformen der technischen Rationalität dargestellt werden – vor dem Hintergrund der These, daß sich Technisierungsprozesse in einer Art Dialektik von Selbstbefreiung und Selbstentfremdung manifestieren, und daß die Reflexion über die Qualität der Technik bei der Beschreibung der Umschlagpunkte und der genauen Erfassung möglicher Verkehrungsstrukturen ansetzen muß.

35 U. Bittner, O. Müller: Technisierung der Lebensführung.

1. Verdinglichungserscheinungen

a) Erfahrungsschwund

Hannah Arendt hat ganz unmißverständlich die Bedeutung der Technik für die Konstitution der Objektivität betont:

> »Nur weil wir aus dem, was die Natur uns gibt, die objektive Gegenständlichkeit einer eigenen Welt errichten, weil wir in den Umkreis der Natur eine nur uns eigene Umgebung gebaut haben, die uns vor der Natur schützt, sind wir imstande, nun auch die Natur als einen ›Gegenstand‹ objektiv zu betrachten und zu handhaben. Ohne eine solche Welt zwischen Mensch und Natur gäbe es ewige Bewegtheit, aber weder Gegenständlichkeit noch Objektivität.«[36]

Gleichzeitig wird diese Objektivität aber mit einer Verdinglichung erkauft, in der die Welt-Herstellung – so ihre vieldiskutierte These – zu einer fundamentalen »Weltentfremdung« führt.[37] Diese wiederum löst einen »enormen Erfahrungsschwund« aus:

> »Nicht nur, daß die anschauende Kontemplation keine Stelle mehr hat in der Welt spezifisch menschlicher und sinnvoller Erfahrungen, auch das Denken, sofern es im Schlußfolgern besteht, ist zu einer Gehirnfunktion degradiert, welche die elektronischen Rechenmaschinen erheblich besser, schneller und reibungsloser vollziehen als das menschliche Gehirn.«[38]

Gerade anhand der von ihr verwendeten Computermetapher für das Denken kann man aus Arendts Verdinglichungsdiagnose zwei Stoßrichtungen herauslesen: Kritisiert wird einerseits der menschliche Bemächtigungswille, ein Vorwurf, der sich nicht selten auch an die Wissenschaft richtet: »Der gesamte Erkennt-

36 H. Arendt: Vita activa, S. 125.
37 Ebd.
38 Ebd., S. 314.

niß-Apparat«, so notiert Nietzsche, »ist ein Abstraktions- und Simplifikations-Apparat – nicht auf Erkenntniß gerichtet, sondern auf *Bemächtigung* der Dinge.«[39] Andererseits wenden sich technikskeptische Denker immer wieder gegen eine Verarmung der Wirklichkeitserfahrung, die Robert Musil mit sanfter Ironie beschrieben hat:

> »Münchhausens Posthorn war schöner als die fabriksmäßige Stimmkonserve, der Siebenmeilenstiefel schöner als ein Kraftwagen, Laurins Reich schöner als ein Eisenbahntunnel, die Zauberwurzel schöner als ein Bildtelegramm, vom Herz seiner Mutter zu essen und die Vögel zu verstehen schöner als eine tierpsychologische Studie über die Ausdrucksbewegungen der Vogelstimme. Man hat Wirklichkeit gewonnen und Traum verloren.«[40]

Schärfer und unversöhnlicher findet sich das Verarmungsmotiv in Erhart Kästners *Aufstand der Dinge*, einem Buch, in dem er den Verlust des Eigenrechts der Dinge beklagt und auf ihr »Natur-Recht« pocht, das durch den neuzeitlichen, Ungeheuer gebärenden »Traum von der Welt-Ausrechnung« gefährdet sei.[41] Kästner sieht in der Beherrschung der Dingwelt den »Herren-Wahn« der Neuzeit am Werke und hält das quasiinquisitorische »Ausspähen« der Dinge für einen fatalen »mittelalterlichen Irrtum«.[42] Folge dieser ontologischen Haltung sei der bloße Welt-Verbrauch ohne jeglichen Respekt für den geschichtlichen oder spirituellen Gehalt der »Dinge« (das Ding ist dann auch bei Heidegger ein Gegenstand mit philosophischem oder poetischem Mehrwert).

---

39 F. Nietzsche: Nachgelassene Fragmente aus dem Jahr 1884-85, S. 164.
40 R. Musil: Der Mann ohne Eigenschaften, S. 39.
41 E. Kästner: Aufstand der Dinge, S. 83.
42 Ebd., S. 161.

b) Drohende Seinsverlassenheit: Die Metaphysik
   der Verdinglichung

In den skizzierten technikkritischen Positionen wird die Technik zum Paradigma des Wirklichkeitsbezugs insgesamt. Und in der Tat scheint es merkwürdig kurzsichtig, über Technologien zu reden, ohne auf die technische Zivilisation, in der sie produziert und eingesetzt werden, zu verweisen. Schließlich stellt diese den Zusammenhang, das Gesamt der Technologien und der damit verbundenen Denk- und Lebensweisen sowie Handlungsoptionen dar. Ganz zu Recht schreibt Günther Anders:

> »Das Ganze ist das Wahre. Jedes einzelne Gerät ist seinerseits nur ein Geräte-*Teil*, nur eine Schraube, nur ein Stück im System der Geräte; ein Stück, das teils die Bedürfnisse anderer Geräte befriedigt, teils durch sein eigenes Dasein anderen Geräten wiederum Bedürfnisse nach neuen Geräten aufzwingt. Von diesem System der Geräte, diesem Makrogerät, zu behaupten, es sei ein ›Mittel‹, es stehe also für freie Zwecksetzung zur Verfügung, wäre vollends sinnlos. Das Gerätesystem ist unsere ›Welt‹. Und ›Welt‹ ist etwas anderes als ›Mittel‹. Etwas kategorial anderes.«[43]

Diese These von der Mundanisierung der Technik soll zum Ausdruck bringen, daß die einzelnen Technologien für eine bestimmte Denkweise der »westlichen« Zivilisation stehen, die unser Selbst- und Menschenbild auf eine derart fundamentale Weise bestimmt, daß wir nicht nur über einzelne Technologien, sondern über die »Technostruktur« (Gernot Böhme) der Gesellschaft reden müssen. Einen Schritt weiter ging bekanntlich Heidegger. Er sieht die technische Zivilisation als Fortsetzung oder Vollendung der abendländischen Metaphysik: »Die Maschinen-

---

43 G. Anders: Die Antiquiertheit des Menschen I, S. 2.

technik bleibt der bis jetzt sichtbarste Ausläufer des Wesens der neuzeitlichen Technik, das mit dem Wesen der neuzeitlichen Metaphysik identisch ist.«[44] Diese These hat Heidegger in mehreren Schriften und mehreren Anläufen untersucht und zu belegen versucht, insbesondere in »Die Frage nach der Technik«, einem Aufsatz, in dem sich wichtige (wenn auch nicht immer originelle) Einsichten und kluge Wortschöpfungen finden, aber auch obskurantistische Wendungen und methodisch fragwürdige, auf etymologischen Assoziationen beruhende Argumente.[45] Über große Strecken idyllisiert der Text die handwerkliche Technik und pflegt eine gewisse ontologische Nostalgie. Blumenberg wunderte sich über den »damals schwerbegreiflicherweise berühmten Vortrag ›Die Frage nach der Technik‹« und verspottete Heideggers »hinterwäldlerische Animosität gegen Technik und ›positive Wissenschaft‹«.[46] Und Thomas Bernhard nahm Heideggers Thesen bekanntlich zum Anlaß seiner Tiraden in dem Stück *Alte Meister*, in dem er Heidegger vor seiner Schwarzwaldhütte sitzend, Suppe und selbstgebackenes Brot essend imaginiert, mit Winterstrümpfen bekleidet, die seine Frau in »ihrem perversen Strickenthusiasmus« ebenso verfertigt hat wie die gehäkelten Schlafhauben.[47] Ihm scheint die Feier der Wahrheit der auf die schlichten Dinge angelegten Lebenswelt bloß eine Form von Kitsch zu sein. Tatsächlich wirft es ein merkwürdiges Licht auf die Technikkritik, wenn ihre Verfechter anmuten wie der schreckhafte Gnom auf Carl Spitzwegs Bild *Gnom, Eisenbahn betrachtend*, der aus dem Schutzraum seiner Höhle heraus einen vorbeifahrenden Zug mit melancholischer Skepsis beäugt.

44 M. Heidegger: Die Zeit des Weltbildes, S. 73.
45 M. Heidegger: Die Frage nach der Technik.
46 H. Blumenberg: Die Verführbarkeit des Philosophen, S. 101, S. 104.
47 Th. Bernhard: Alte Meister, S. 87 ff.

Doch von solchen antimodernen Fluchtreflexen einmal abgesehen: Was hat es mit der These von der Technik als Vollendung der Metaphysik auf sich? Wenn Heidegger zwischen technischen Produkten und dem Wesen der Technik unterscheidet und betont, die Technik selbst sei nichts Technisches, so bedeutet das: Technisch über die Technik zu reden hieße, verschiedene Techniken zu systematisieren oder die Technik unter dem Gesichtspunkt konkreter Folgen zu untersuchen. Diese Aufforderung beherzigen auch manche Technikphilosophen der Gegenwart; Christoph Hubig etwa hat gefordert, man solle das »technomorphe« Reden über die Technik vermeiden.[48]

Die charakteristische »Wahrheit« der modernen Technik ist nach Heidegger, daß die Technik darauf ausgerichtet ist, die Natur in einer ganz bestimmten Weise zum Gegenstand des gestaltenden menschlichen Zugriffs zu machen. Die Natur wird vor dem Hintergrund konkreter Interessen zum Objekt der Technik – in Heideggers Beispielen soll sie meist Energie liefern –, sie wird »herausgefordert«, »gestellt«, wie Heidegger schreibt.[49] Und sie wird aus einer bestimmten Perspektive interpretiert. Das, was Natur ist, zeigt sich erst durch die Technik. Der technische Zugriff ist das Medium, durch das die Natur vergegenständlicht wird. An der Natur interessiert das, was technisch nutz- und gestaltbar ist, und das ist nur vor dem Hintergrund eines Naturbegriffs möglich, der die Kompatibilität natürlicher und technischer Prozesse erfaßt. Natur wird nur noch in ihrer möglichen technologischen Transformierbarkeit sichtbar. Heidegger umreißt diese Perspektive auf die Natur mit der Formel »das Wirkliche als Bestand zu bestellen«[50] und nennt daher die Technik mit einem

48 C. Hubig: Die Kunst des Möglichen I, S. 77 ff.
49 M. Heidegger: Die Frage nach der Technik, S. 22 ff.
50 Ebd., S. 27.

seiner Neologismen das »Ge-stell«. Günter Seubold sieht in diesem Kontext die Embryonenforschung als ein aktuelles Beispiel, denn hier habe der Embryo keinen eigenen Stellenwert, sondern werde nur hinsichtlich seiner Funktion wahrgenommen und bewertet.[51] Anders gesagt: Als das organisch Wachsende, als das Aus-sich-selbst-Entstehende oder als Gegenstand der Erbauung und der ästhetischen Reflexion ist die Natur aus technischer Perspektive nicht von Bedeutung.

In den *Beiträgen zur Philosophie* bezeichnet Heidegger die Technik auch als »Machenschaft« und charakterisiert ihr Wesen als unter dem Primat der Machbarkeit stehend:

> »Alles ›wird gemacht‹ und ›läßt sich machen, wenn man nur den ›Willen dazu aufbringt‹ und [...] dieser Wille, der alles macht, hat sich im voraus der Machenschaft verschrieben, jener Auslegung des Seienden als des Vor-stellbaren und Vorgestellten – Vor-stellbar heißt einmal: zugänglich im Meinen und Rechnen; und heißt dann: vollbringbar in der Her-stellung und Durchführung.«[52]

Bis zu diesem Punkt ist Heideggers Analyse des Charakters der Technisierung in vielerlei Hinsicht stimmig, auch wenn die technische Rationalität darin nur in einer verzerrten Form betrachtet wird. Zu einem metaphysikkritischen Theorem wird diese Analyse durch den genetisch-genealogischen Rückschluß, die technische Rationalität ergebe sich zwangsläufig aus der Verfaßtheit der Metaphysik: Technik, schreibt Heidegger, sei »vollendete Metaphysik«.[53] Die Metaphysik-These gipfelt in der Behauptung, daß bereits in der Antike das Seiende unter dem Paradigma des Her-

---

51 G. Seubold: Der idealische Körper, S. 52.
52 M. Heidegger: Beiträge zur Philosophie, S. 108 f.
53 M. Heidegger: Überwindung der Metaphysik, S. 80.

stellens gesehen wurde.[54] Auch in dieser Beobachtung steckt sicherlich etwas Wahres. Doch selbst wenn derartige Entwicklungslinien wichtig für das Verständnis von Technisierungsprozessen sein mögen, die in der Tat nicht losgelöst vom menschlichen Selbst- und Weltverständnis sowie insbesondere von epistemologischen Konzepten verstanden werden können, so kann man doch berechtigte Zweifel am Fatalismus dieser Konstruktion haben.

Und in der Tat stellt sich für Heidegger die abendländische Geschichte als eine ontologische Verfallsgeschichte dar: »Das Heraufkommen des machenschaftlichen Wesens des Seienden ist geschichtlich schwer zu fassen, weil es im Grunde seit dem ersten Anfang des abendländischen Denkens (genauer seit dem Einsturz der alétheia) sich in die Auswirkung setzt.«[55] Die moderne Technik sei Ausdruck einer Situation der »Seinsvergessenheit« und »Seinsverlassenheit«. Den Technisierungsprozessen liege nicht nur ein bestimmter Wahrheitsbegriff zugrunde, sondern sie sollen diesem Wahrheitsbegriff eine solche Dominanz verleihen, daß das »Sein« nur noch in den defizienten Modi der »Verlassenheit« und »Vergessenheit« erkennbar sei – was dann immerhin die Chance für einen neuen bzw. den »anderen Anfang« eröffne.

Für die antinomische Struktur der Technisierungsprozesse gilt also: Die Technik konstituiert Objektivität – doch in einer Weise, daß alternative Erfahrungen und andere Arten, die Wirklichkeit zu erkennen und zu beschreiben, verlorengehen können. Man braucht Heideggers These, der Erfahrungs- und Wissensverlust sei ein ontologisches Muß, nicht zu teilen. Plausibler ist es, davon auszugehen, daß die technische Konstitution von Objektivität, die nach Maßgabe der »organischen« menschlichen Einpassung in die Kulturwelt geschieht, im Rahmen des Herstel-

54 Siehe dazu H. Hildebrandt: Weltzustand Technik, S. 113-136.
55 M. Heidegger: Beiträge zur Philosophie, S. 132.

lungsparadigmas in eine einseitige Deutung des Objektiven als des bloß Nutzbaren umschlagen kann, bei der andere Erfahrungsdimensionen der Wirklichkeit ausgeblendet bleiben. Doch damit ist nicht bewiesen, daß es bei der Verfallsform bleiben muß. Aus der Erfahrung eines einseitig technomorphen Fokus auf die Wirklichkeit kann es auch zu einer Korrektur des bloß technischen »Stellens« der Wirklichkeit kommen. Auf diese Weise wird dann unter Umständen – gewissermaßen auf einer neuen Stufe – die Technik als vertrautes Element in die Welt- und Selbstgestaltung integriert.

Ein solches quasidialektisches Modell vermeidet die antimoderne Konstruktion einer Verfallsgeschichte und ist gleichzeitig in der Lage, die den Technisierungsprozessen inhärenten Verkehrungsstrukturen sichtbar zu machen. So verfällt man nicht in eine grundsätzlich ablehnende Haltung gegenüber der Technik, sondern man hält sich die Möglichkeit offen, lediglich die Totalisierung einer partiellen Rationalität zu kritisieren.[56]

2. Sinnverlust und Akzeleration

a) Die Dominanz des Methodensinns
Der Technisierungsprozesse charakterisierende Aspekt der Funktionalisierung und Ökonomisierung garantiert nicht nur eine gesteigerte Wissens- und Güterproduktion, er kann Wissensformen auch unterminieren und einen entfremdenden Effekt haben. Edmund Husserl hatte in seiner Krisis-Schrift (*Die Krisis der europäischen Wissenschaft und die transzendentale Phänomenologie*) die Sinnentleerung der Naturwissenschaft durch ihre Technisierung diagnostiziert und die »Lebenswelt« als das vergessene

---

56 Siehe dazu auch B. Waldenfels: Der Stachel des Fremden, S. 149.

Sinnfundament in die philosophische Reflexion eingeführt.[57] Die Mathematisierung der Wissenschaft, insbesondere durch Galilei, bildet den Ausgangspunkt von Husserls Kritik: Die Methodik wird zu einer bloßen Kunst,

> »durch eine rechnerische Technik nach technischen Regeln Ergebnisse zu gewinnen, deren wirklicher Wahrheitssinn nur in einem an den Themen selbst und wirklich geübten sachlich-einsichtigen Denken zu gewinnen ist [...]. Das ursprüngliche Denken, das diesem technischen Verfahren eigentlich Sinn und den regelrechten Ergebnissen Wahrheit gibt [...], ist hier ausgeschaltet.«[58]

Die Technisierung des Denkens und das vorübergehende sich »ganz Verlieren in ein bloß technisches Denken« habe durchaus seine Berechtigung, Husserl befürchtet allerdings eine »gefährliche Sinnverschiebung« und will die »ursprüngliche Sinngebung der Methode«, also die Einsicht in das, was die Methode leisten soll, garantiert wissen.[59] Anders als Blumenberg, sieht Husserl in den Technisierungsprozessen, die auch für ihn ihren Ursprung in der neuzeitlichen Wissenschaft haben, eine Gefahr des Sinnverlustes – nicht bloß des Sinnverzichts. Daher hatte Husserl Galilei einen entdeckenden *und* verdeckenden »Genius« genannt;[60] das von Galilei entworfene »Ideenkleid« sei der Grund, weshalb »wir für wahres Sein nehmen, was eine Methode ist«.[61]

Das mit Technisierungsprozessen einhergehende Problem ist also die Verwechslung der mechanistischen Methodik mit dem »wahren Sein«. Husserl schätzt zwar die Brillanz dieser Metho-

57 E. Husserl: Krisis, S. 18 ff., insbes. S. 45 ff.
58 Ebd., S. 46.
59 Ebd., S. 46 f.
60 Ebd., S. 53.
61 Ebd., S. 52.

dik, betont aber, es müsse hinter der Methode einen »ursprungs-
echten Sinn« der Wissenschaft geben. Dabei handelt es »sich nicht
um einen Sinn, der metaphysisch hineingeheimnißt, hineinspe-
kuliert wird, sondern der in zwingendster Evidenz ihr eigent-
licher, ihr allein wirklicher ist, gegenüber dem Methoden-Sinn,
der seine eigene Verständlichkeit hat im Operieren mit den Formeln und deren praktischer Anwendung, der Technik«.[62] Die
Schwierigkeiten des Evidenz-Begriffs in Husserls Konzeption
brauchen hier nicht weiter vertieft zu werden, entscheidend ist
die Herausarbeitung eines »Methoden-Sinns«, der das lebens-
weltliche Interesse an der Wissenschaft überlagern kann. Der
Verlust des Horizonts, der den Rahmen der Technikentwicklung
vorgibt, kann durch die immanente Effektivität des technischen
Operierens zu einer Verselbständigung der Verfahrenslogik führen. Der Phänomenologe Bernhard Waldenfels hat den Methodensinn als »Techno-Logos« beschrieben: »Als Techno-Logos reduziert sich dieser auf einen funktionalen Logos, einen Logos,
der Elemente miteinander verknüpft, ohne daß diese Verknüp-
fungssysteme oder Verknüpfungsnetze an ersten Einsichten oder
letzten Zielen festgemacht sind.«[63] Es gibt nur noch die »unbe-
dingte Bewußtheit der rechnenden Selbstsicherung des Rech-
nens« selbst.[64] Wegen dieser strukturellen Bedingungen können
Technisierungsprozesse zur Verdeckung von Sinnerfahrungen führen, zu einer »Versiegelung« der Lebenswelt.[65]

---

62 Ebd., S. 53 f.
63 B. Waldenfels: Bruchlinien der Erfahrung, S. 376.
64 M. Heidegger: Überwindung der Metaphysik, S. 88.
65 A. Luckner: Heidegger und das Denken der Technik.

b) *Beschleunigung: Die Veränderung von Zeiterfahrungen*

Die Technisierung des Wissens durch die Orientierung am Methodensinn kann zu einer weiteren Entfremdungserfahrung führen, da diese auf Steigerung und Funktionalisierung angelegten Prozesse es uns ermöglichen, Sprünge zu machen, statt Schritte zu tun. Daraus entsteht die bereits angesprochene Spannung zwischen dem unendlich erscheinenden Aufgaben- und Möglichkeitsspektrum, das der technische Fortschritt bereitstellt, und der begrenzten »Daseinskapazität« des Menschen.[66] Diese Spannung realisiert sich wesentlich als Zeitproblem: Der Versuch, die als unendlich empfundenen Aufgaben zu bewältigen, führt naheliegenderweise dazu, innerhalb einer bestimmten Zeitspanne mehr erledigen zu können bzw. zu müssen. Die Folge ist eine durch Technisierung ausgelöste Beschleunigungstendenz. Frank Schirrmacher hat jüngst in seinem Buch *Payback* die Grenzen des individuellen Umgangs mit der digitalen Beschleunigung untersucht.[67]

Mit der Wendung »Öffnung der Zeitschere« hat Blumenberg die Erfahrung der Inkongruenz von Lebenszeit und Weltzeit als anthropologisches Spannungsfeld bezeichnet.[68] Der Mensch ist ein Wesen mit endlicher Lebenszeit, das jedoch unendliche Wünsche hat, das also die limitierte ihm zur Verfügung stehende Zeit auf einen unendlichen Möglichkeitshorizont ausrichtet. Die Erfahrung der konstitutiv knappen Zeit setzt die Handlungsdynamik des modernen Menschen in Gang. Die alltäglichste Konsequenz der Endlichkeit ist das Rechnen mit der Zeit, ihre »Buchhalterisierung«, die in der frühen Neuzeit mit dem ökonomischen Gebot »non perdere tempo« des Humanisten Leon Battista Al-

---

66 H. Blumenberg: Lebenswelt und Technisierung, S. 51.
67 F. Schirrmacher: Payback.
68 H. Blumenberg: Lebenszeit und Weltzeit.

berti einsetzt und in Benjamin Franklins »time is money« ihre
unüberbietbare Formulierung findet.[69] Dieses zeitökonomische
Denken findet sich in Heideggers *Sein und Zeit* existentialphilo-
sophisch gewendet und in kritischer Absicht formuliert: »Das
Rechnen mit der Zeit ist konstitutiv für das In-der-Welt-Sein.«[70]
Die buchhalterische Ökonomisierung und »Verfristung« der Zeit
ist dabei nur ein Aspekt, der die Lebenszeit-Weltzeit-Spannung
zeigt. Die prinzipielle Inkongruenz von Lebenszeit und Weltzeit
und die daraus resultierenden vergeblichen Versuche, Kongruenz
herzustellen, führen zu verschiedenen Dynamisierungen der Lebensgestaltung. Ihre Linearisierung stellt dabei ein Instrument
dar, die Zeit zu strukturieren. Michael Theunissen hat allerdings
gezeigt, daß wir diese Linearisierung auch als »Herrschaft der
Zeit« erfahren können.[71] Dann empfinden wir uns dem Fluß der
Zeit unterworfen; wir versuchen, uns von ihr zu befreien, weil es
uns belastet, sie zu spüren, wollen sie durch unsere Terminkalen-
der kontrollieren. Theunissen untersucht bestimmte Psychopa-
thologien, um das »Scheitern menschlicher Existenzen an einer
nur noch entfremdet erfahrbaren Zeitherrschaft« zu illustrieren.[72]
Charakteristisch sind die Erfahrungen der »Versperrung der Zukunft« und die »Determinierung durch das Vergangene« als Störungen des Zeitempfindens, die *ex negativo* auf die Verfaßtheit
des Menschen verweisen. Der Mensch muß Zukunftsperspekti-
ven entwickeln und sich frei machen können von vergangenen
Erlebnissen. Das Problem ist die Erfahrung der Auslieferung an
die linear organisierte Zeit bei gleichzeitigem »Zerfall der dimen-
sionalen Zeitordnung«. Wenn der Zusammenhang der Dimen-

69 Siehe dazu H. Weinrich: Knappe Zeit.
70 M. Heidegger, Sein und Zeit, S. 333.
71 M. Theunissen: Negative Theologie der Zeit, S. 37 ff.
72 Ebd., S. 14.

sionen der Vergangenheit, Gegenwart und Zukunft als Orientierungsrahmen des menschlichen Individuums verlorengeht, wird dies als Entmächtigung des Subjekts und als Ermächtigung des anonymen Gangs der Dinge wahrgenommen.[73] Technisierungsprozesse sedimentieren nun die Linearisierung der Zeit, die Abfolge von Zeitpunkten ist eine der Grundstrukturen der Zeit-Rationierung. In der frühen Neuzeit griff man in diesem Zusammenhang auf die Uhrwerk- und Uhrmachermetaphorik zurück. Das neue mechanistische Weltbild wurde mit der Zeit-Thematik verknüpft: Im Rahmen der Idee der Mathematisierung und technischen Kontrolle der Zeit wurde Gottes Wirken mit dem Bild des transzendenten Uhrmachers erklärt (etwa von Leibniz).

Die technisierte Zeit erscheint einerseits als »gestundete Zeit« (Ingeborg Bachmann), die in den Zeit-Standardisierungen und Chronometrisierungen des 19. Jahrhunderts eine ihrer Wurzeln hat.[74] Andererseits ist die Linearisierungserfahrung an die Idee des Immer-weiter-Fortschreitens geknüpft, sie kennt kein Ende. Dies ist damit die Voraussetzung der Akzeleration von Zeitstrukturen.

Wie solche Zeitstrukturen sich auf unser individuelles In-der-Welt-Sein auswirken, hat Hartmut Rosa in seinem Buch *Beschleunigung* analysiert.[75] Darin versucht er, die Frage nach dem guten Leben unter temporalstrukturellen Aspekten zu reformulieren:

> »Die Frage danach, wie wir leben möchten, ist gleichbedeutend mit der Frage, wie wir unsere Zeit verbringen wollen, aber die Qualitäten ›unserer‹ Zeit, ihre Horizonte und Strukturen, ihr Tempo und ihre Rhythmen, stehen nicht oder nur zu ei-

73 Ebd., S. 224 ff.
74 Siehe J. Osterhammel: Die Verwandlung der Welt, S. 116 ff.
75 H. Rosa: Beschleunigung.

nem geringen Maße in unserer Verfügung. Zeitstrukturen sind kollektiver Natur, gesellschaftlichen Charakters; sie treten den handelnden Individuen stets in solider Faktizität entgegen. Die Temporalstrukturen der Moderne [...] stehen vor allem im Zeichen der *Beschleunigung.*«[76]

Vor diesem Hintergrund interessiert ihn das Paradox, daß wir durch die technischen Beschleunigungsprozesse unser Leben nicht etwa *entschleunigen*, sondern, im Gegenteil, daß sich die Tendenz der Akzeleration auch in unserer Lebens- und Arbeitswelt derart niederschlägt, daß die Allokation von Zeitressourcen typisch für unsere Lebensform wird. Der geschickte Umgang mit der Zeit gehört zum gelingenden Leben; Rosa diagnostiziert in diesem Zusammenhang Erfahrungen der Desynchronisation, die zu Desintegrationsphänomenen führen können, im Extrem sogar zum Anstieg von Depressionen und ähnlichen Krankheiten.[77]

Die Verknüpfung von Beschleunigungserfahrungen mit Technisierungsprozessen wurde schon zu Beginn der Industriellen Revolution als eine der entscheidenden lebensweltlichen Veränderungen gesehen. So nannte William Turner sein Bild der Great Western Railway von 1844 *Rain, Steam and Speed* und Gioacchino Rossini faßte seine Zeit in Musik, indem er in seinen Opern die Beschleunigung in schnellen, auf Wiederholungsstrukturen basierenden Arien und Ensemblenummern zum Ausdruck brachte. Goethe gab das Stichwort, als er in einem Brief an Karl Friedrich Zelter den Neologismus »velociferisch« erfand, um seinem Unbehagen gegenüber der Beschleunigungstendenz seiner Zeit Ausdruck zu verleihen. Vielleicht ließ er sich dabei

76 Ebd., S.15.
77 Ebd., S.387.

von jener Stelle aus der Apokalypse des Johannes inspirieren, in der es heißt, der Teufel wisse, daß er wenig Zeit hat.[78]

Diese Zeiterfahrungen haben in der Endlichkeit des Menschen, die ihn zu einem »Zeitmangelwesen« macht,[79] ihren anthropologischen Ursprung, denn Technisierungsprozesse reagieren auf diese Erfahrung, indem sie in der ihnen eigenen »Anstrengung, Anstrengung zu sparen«, um erneut die Formel von Ortega y Gasset aufzugreifen, auf »Zeitgewinn« aus sind.[80] Doch der Eindruck, zuwenig Zeit zu haben, wird durch ebendiese Prozesse noch verschärft. Schließlich impliziert Technisierung ja die genannte Akzeleration, die sie selbst erst hervorbringt. Dies kann dazu führen, daß Verstehensprozesse unterminiert werden, daß das Sich-selbst-klar-Werden und Rechenschaftablegen über das Geschehene unterbunden wird. Die Einsicht, daß der Erwerb echten Wissens Zeit braucht, wird durch das pharmakologische Optimierungsangebot möglicherweise unterlaufen, Zeit wird »übersprungen«.

Solche Weisen der Anästhesierung von Zeiterfahrungen durch Technisierungsprozesse könnten dazu führen, daß der Kairos, der richtige Zeitpunkt, und die Erfahrung, daß Wissen »reifen« muß, als Momente der Selbstreflexion aus dem Bewußtsein der Enhancement-Willigen verschwinden. Die mangelnde Einsicht in Prozesse ist ein Indikator für die technische Akzeleration – von Max Frisch in seinem Roman *Homo faber* aus der Perspektive Walter Fabers folgendermaßen beschrieben: »*Technik als Kniff, die Welt als Widerstand aus der Welt zu schaffen, beispielsweise durch*

---

78 Siehe H. Blumenberg: Lebenszeit und Weltzeit, S. 71 f.
79 O. Marquard: Menschliche Endlichkeit I & II.
80 Siehe dazu H. Blumenberg: Beschreibung des Menschen, S. 616: »Zeitgewinn für Zeitvertreib, das scheint mir die Grundstruktur in der ganzen Neuzeit zu sein.«

Tempo zu verdünnen, damit wir sie nicht erleben müssen. (Was Hanna damit meint, weiß ich nicht.).«[81]

Der andere Effekt, den die Technisierung hier haben kann, ist die Anästhesierung der Endlichkeitserfahrung. Das Gewahrsein der eigenen Endlichkeit, das Gewahrsein der Begrenztheit der Lebensmöglichkeiten und des Sterbenmüssens kann dazu führen, daß man nicht länger wahrhaben will, daß die Zeit vergeht. Sie wird dann in erster Linie als eine zu managende Abfolge (prinzipiell unendlich vieler) Zeitpunkte wahrgenommen; die Endlichkeit als wesentliche Zeiterfahrung des personalen Selbst wird verdrängt. Insbesondere der »optimierende« Einsatz von Medizintechnologien im Auftrag einer »wunscherfüllenden Medizin«[82] kann zu einer solchen Anästhesierung der Endlichkeitserfahrung führen und damit wichtige Selbsterfahrungen unterlaufen.[83] Das Enhancement ist darauf ausgelegt, die menschliche Leistung an die Akzeleration anzupassen; dies kann den Blick für die sinnvollen Seiten der Begrenztheit der Möglichkeiten durch die Endlichkeit des menschlichen Lebens trüben. Diese Einsicht hat auch Frischs Figur Hanna; der Schriftsteller formuliert sie wiederum aus der Sicht Walter Fabers: »*Mein Irrtum: daß wir Techniker versuchen, ohne den Tod zu leben. Wörtlich: Du behandelst das Leben nicht als Gestalt, sondern als bloße Addition, daher kein Verhältnis zur Zeit, weil kein Verhältnis zum Tod. Leben sei Gestalt in der Zeit. Hanna gibt zu, daß sie nicht erklären kann, was sie meint. Leben ist nicht Stoff, nicht mit Technik zu bewältigen.*«[84]

---

81 M. Frisch: Homo faber, S. 169.
82 M. Kettner (Hg.): Wunscherfüllende Medizin.
83 Siehe dazu O. Müller, C. Bozzaro: Endlichkeit und Technisierung.
84 Ebd., S. 170.

3. Die Grenzen der Verfügbarkeitsdynamik

a) Herrschaftsanspruch über Sein oder Nicht-Sein: Gewaltpotentiale

Auch wenn Hannah Arendt die Bedeutung der Technik für die Konstitution der objektiven Welt betont – »In dieser Dingwelt ist menschliches Leben zuhause, das von Natur in der Natur heimatlos ist«[85] –, ist diese Objektivität, anders als bei Cassirer, immer auch durch einen gewalttätigen Aspekt gekennzeichnet. In der Technik liegt in ihren Augen eine »gewalttätige Vergewaltigung eines Teils der von Gott geschaffenen Natur«.[86] Daß Arendt die Technik nicht als eine Art friedliche Parallelaktion zur Schöpfung sehen kann, sondern als eine brutale Konkurrenz, liegt auch daran, daß Arendt hinter dem technischen Herstellen eine neue Art des Umgangs mit der Welt vermutet, die weitreichende ontologische und anthropologische Konsequenzen haben könnte:

> »Unabhängig von Allem und Allen, allein mit dem ihm vorschwebenden Bild des herzustellenden Dinges, steht es Homo faber frei, es wirklich hervorzubringen; und wiederum allein, konfrontiert mit dem Resultat seiner Tätigkeit, kann er entscheiden, ob das Werk seiner Hände der Vorstellung seines Geistes entspricht, und ist frei, wenn es ihm nicht gefällt, es zu zerstören.«[87]

Interessanterweise wurde die Technik schon in der Antike mit dem Moment des Gewalttätigen verbunden. Das zeigen etwa der Prometheus-Mythos oder Lukrez' Lehrgedicht *De rerum natura*, in dem die Selbstermächtigung des Menschen als ein Beherr-

---

85 H. Arendt: Vita activa, S. 14.
86 Ebd., S. 127.
87 Ebd., S. 131.

schungswille dargestellt wird, der den Kern der kulturellen und technischen Entwicklung ausmacht.[88] Als Stichwortgeber der modernen Kulturkritik hatte dabei bereits Simmel in seiner These von der »Tragödie der Kultur« das Moment des Gewalttätigen als konstitutiv für die menschliche Selbstbehauptungsleistung diagnostiziert.[89] Diese Sichtweise kommt in unserem Jahrtausend in Filmen wie Paul Thomas Andersons *There will be blood* (2007) zum Ausdruck, der sie freilich zu einer Art Selbstbarbarisierung zuspitzt.

Dabei stellt der konkrete Raubbau an der Natur oder an sich selbst gar nicht den entscheidenden Aspekt von Arendts Kritik dar, im Mittelpunkt steht vielmehr die veränderte Perspektive auf die Wirklichkeit, die als Anmaßung empfunden wird. Die Gewalttätigkeit besteht in der Neudefinition des Wirklichen durch die eigene Produktwelt. Die aus dem natürlichen Zyklus von Entstehen und Vergehen herausgenommenen Objekte kann der Mensch beherrschen, weil er weiß, wie sie hergestellt werden.

In dieser Verbindung von Gewalt und Technik werden häufig Gründe für die Erweiterung der Verfügbarkeitssphäre aufgespürt. Am radikalsten hat dies Emanuele Severino formuliert, der im Anschluß an Gustavo Bontadini und Heidegger die These vorbrachte, metaphysisches Denken sei in seinem Kern nihilistisch, weil es davon ausgehe, Seiendes könne entstehen und vergehen, und daher müsse man das prinzipielle Nicht-Sein-Können der Dinge annehmen. Diese metaphysische Grundstruktur führt nach Severino zu dem typisch abendländischen Verfügungsgedanken, der in letzter Konsequenz die Technik hervorbringt; daher ist für ihn die Technik auch mit der Theologie verwandt.

88 Lukrez: De rerum natura, V. 1120. Siehe dazu H. Blumenberg: Lebenswelt und Technisierung, S. 14 ff.
89 G. Simmel: Der Begriff und die Tragödie der Kultur, S. 195.

Allein bei Parmenides vermag Severino eine metaphysische Konzeption zu erkennen, in der es nur das Sein, aber kein Nichts gab. Daher betitelte er seinen vielzitierten Aufsatz aus dem Jahr 1964 »Ritornare a Parmenide«, »Zurück zu Parmenides«. Dort schreibt er: »Im Horizont der wissenschaftlich-technologischen Aktion ist ein ›Ding‹ eben ein absolutes Verfügbarsein, hergestellt und zerstört zu werden; ein Ding, das nicht so verfügbar ist, ist unwirklich.«[90] Weil das Modell der technischen Verfügung in der Moderne so weit verbreitet sei, behauptet Severino sogar: »Die Technik ist heute zur mächtigsten der metaphysischen Kräfte geworden. Der gesunde Menschenverstand wird nicht mehr von der Religion oder der Politik, sondern von der Denk- und Handlungsweise der Technik beherrscht.«[91]

Die Technik-als-Metaphysik-These ist sicherlich in der Hinsicht plausibel, daß Formen technischer Rationalität in vielerlei Hinsicht zum Paradigma unseres Handelns geworden sind und daß sie andere humane – etwa religiöse oder ethische – Selbstverständnis-Paradigmen möglicherweise ersetzt haben. Über die Technik nicht nur im Hinblick auf spezielle Technologien, sondern in bezug auf die technische Weltkonstitution insgesamt nachzudenken ist eine Herausforderung für die Philosophie.

Wenig plausibel ist es allerdings, die Technik nur vor dem Hintergrund des ontologischen Gewaltaspekts und damit immer im Horizont einer metaphysischen Anmaßung zu sehen. Unter diesem allzu düsteren Szenario leiden viele kulturkritische Ansätze. Dabei sollte es eigentlich gerade darum gehen, die technische Erweiterung der Verfügbarkeitssphäre im Hinblick auf die den Technisierungsprozessen eigene Dynamik zu beschreiben,

90 E. Severino: Vom Wesen des Nihilismus, S. 17.
91 Ebd., S. 224.

die zwar ohne Zweifel ins Nihilistisch-Zerstörerische abgleiten kann, aber nicht muß.

Am Beispiel der Kontingenz läßt sich das Dilemma beschreiben. Lange galt das Kontingente als das problemlos Verfügbare, weil zu Überwindende – doch sind es vor allem die medizintechnologischen Möglichkeiten, die wachsende Zweifel an dieser Gewißheit schüren, denn insbesondere die Technisierung der Geburt und des Sterbens hat die paradoxe Konsequenz, Nicht-Kontingentes in Kontingentes zu verwandeln. Insbesondere die Entwicklung reproduktionsmedizinischer Techniken wie die In-vitro-Fertilisation, mit der die früher als schicksalhaft zu akzeptierende Kinderlosigkeit deutlich in menschliche Handlungs- und Entscheidungssphären gerückt wurde, oder die Präimplantationsdiagnostik, mit der zunehmend Gesundheit oder sogar Aussehen der Kinder kontrolliert werden können, verwandeln vormals unverfügbare Bereiche in verfügbare. Und dies führt zu weitreichenden anthropologischen und ontologischen Verschiebungen: Denn Kontingenzbewältigungspraktiken werden zunehmend durch Biotechnologien ersetzt. Dies gilt auch für den Umgang mit dem Sterben: Für das »Skandalon« der Gebrechlichkeit, so scheint es, sind immer weniger Philosophie und Theologie zuständig – sie wird vielmehr zum alleinigen Aufgabengebiet der Medizin.

b) Kontrollverlustängste

Technisierungsprozesse sind vielfach mit der Angst verbunden, die Technik schränke die Freiheit des Menschen ein, anstatt sie auszuweiten. Der kulturkritische Topos der Versklavung des Menschen durch die Maschine findet sich in Reinform bei Georg Simmel; in seiner *Philosophie des Geldes* beschreibt er den Eindruck, »daß die Maschine, die den Menschen doch die Sklavenarbeit an der Natur abnehmen sollte, sie zu Sklaven eben an der

Maschine selbst herabgedrückt hat«.[92] Dieses Motiv findet sich in besonders bedrückender Form in Franz Kafkas Erzählung »In der Strafkolonie«, in der eine raffinierte Apparatur in den Körper eines Delinquenten ein von ihm übertretenes Gebot einritzt und damit die kulturellen Formen der Sprache und des Rechts in einer mechanistisch pervertierten Weise präsentiert. Über dieses Versklavungsmotiv hinaus kann die Erweiterung der Verfügbarkeitssphäre auch zu Erfahrungen des Kontrollverlustes führen. Die technische *libido dominandi* hat insofern eine dunkle Kehrseite:[93] die Angst, die Technik nicht mehr kontrollieren zu können. Eine klassische Stelle findet sich dazu in Max Horkheimers *Kritik der instrumentellen Vernunft*. Dort schreibt er: »Die Maschine hat den Piloten abgeworfen; sie rast blind in den Raum. Im Augenblick ihrer Vollendung ist die Vernunft irrational und dumm geworden. Das Thema dieser Zeit ist Selbsterhaltung, während es gar kein Selbst zu erhalten gibt.«[94] Havarien wie in Tschernobyl scheinen Horkheimer recht zu geben. Doch hier geht es nicht um Fragen der Technikfolgenabschätzung, sondern um die Selbsterfahrung des Menschen, ehemaligen Hilfsmitteln nun plötzlich ausgeliefert zu sein. Goethe hat mit seinem Gedicht »Der Zauberlehrling« für die menschliche Kontrollverlustängste gegenüber der Technik einen parabelhaften Ausdruck gefunden. Günther Anders betreibt eine Art »Arbeit am Mythos«, wenn er schreibt: »*Heute wissen wir Zauberlehrlinge nicht nur nicht, daß wir die Entzauberungsformel nicht wissen, oder daß es keine gibt; sondern noch nicht einmal, daß wir Zauberlehrlinge sind.*«[95]

92 G. Simmel: Philosophie des Geldes, S. 673.
93 C. Taylor: Das Unbehagen an der Moderne.
94 M. Horkheimer: Zur Kritik der instrumentellen Vernunft, S. 146.
95 G. Anders: Die Antiquiertheit des Menschen II, S. 398.

Andreij Tarkowskij thematisiert in seinem Film *Stalker* (1979) die metaphysische Leerstelle hinter diesen Ängsten vor dem Kontrollverlust. »Stalker« ist eine Art Scout, der zwei Suchende, einen Schriftsteller und einen Physiker, durch die »Zone« führt, eine mysteriöse, verfallene Industrielandschaft. Was dort früher produziert wurde, bleibt im Dunkeln. Klar ist dagegen, daß die Menschen die Kontrolle über die Zone verloren haben (in *Picknick am Wegesrand*, der literarischen Vorlage der Strugatzki-Brüder, spielen außerirdische Einflüsse eine gewisse Rolle). In dieses Kontroll- und Wissensvakuum dringen die drei Protagonisten ein und suchen in der tristen Kulisse einer einst beherrschten und kontrollierten Welt nach Sinn und individueller Berufung.

Tarkowskij legte in seinen Filmen immer wieder den anthropologischen und metaphysischen Kern der modernen Technik frei. Auch ihm ging es darum zu verstehen, was Menschsein in der modernen Welt bedeutet: Technisierungsprozesse entsprechen dem menschlichen Kontrollbedürfnis, gleichzeitig verdecken sie aber die existentiellen Fragen der *conditio humana*. Die Industrieruinen in der Zone lösen bei den Protagonisten Bekenntnisse des Scheiterns und der Angst aus. Die existentialistisch gewendete Kontrollverlusterfahrung führt am Ende des Films zu einer humanistischen Sehnsuchtsformel, wenn die Kamera das durch die Zone auf unbestimmte Weise übersinnlich veränderte Kind des Stalker fixiert und wenn die gleichmäßigen Geräusche eines vorbeifahrenden Zuges – die technisierte Lebenswelt des Kindes – zum Rhythmus für einige Takte aus Beethovens Neunter Symphonie werden, die die mechanische Geräuschkulisse zunehmend überblenden. Tarkowskijs Film veranschaulicht die tiefe metaphysische Verunsicherung, die Menschen erleben, wenn ihnen die Herrschaft über die Technik entgleitet, und endet in einer spirituell-humanistisch-christlichen Bewegung der Innerlichkeit.

Weil die »übergreifenden Denkformen« der Technik zu »Kategorien universaler Gültigkeit« werden, so »wie in einer religiös bestimmten Epoche alles, auch das Profane, in den Lichtkegel der religiösen Gültigkeiten und Gegensätze hineingezogen wird«,[96] wie es Hans Freyer ausdrückt, fordern Technisierungsprozesse eine anthropologische Selbstverortung und rufen ein Bedürfnis nach Selbstvergewisserung hervor.

---

96 H. Freyer: Über das Dominantwerden technischer Kategorien in der Lebenswelt der industriellen Gesellschaft, S. 239.

4 Technisierungsprozesse vor dem Horizont des menschlichen Selbstvergewisserungsbedürfnisses

Daß Technisierungsprozesse immer von Hoffnungen und Ängsten, von Utopien und Verfallstheorien begleitet sind, ist ein Indiz dafür, daß sich mit ihnen ein menschliches Bedürfnis nach Selbstvergewisserung verbindet. Solche Prozesse sind kulturelle Transformationen, sie sind unterlegt mit Hintergrundvorstellungen, sie werden generiert durch Träume von einem besseren Leben, einer besseren Welt oder von der Weltherrschaft. Einer ihrer Motoren ist die Säkularisierung des eschatologischen Denkens. Die Vorstellung einer göttlichen Erlösung am Ende der Tage verwandelt sich in ein Projekt der humanen Selbsterlösung durch Technik. Diese Idee der Erlösung aus eigener Kraft in Verbindung mit einer linearisierten, auf ein Ziel gerichteten Zeitvorstellung ist hinsichtlich der Dynamik der Technisierung nicht zu unterschätzen. Die kaum überprüfbare, aber weithin verbreitete Annahme der prinzipiellen Güte des technischen Fortschritts hängt mit dieser kryptotheologischen Struktur zusammen.

Gleichzeitig provozieren Technisierungsprozesse insbesondere wegen der ihnen eigenen Ausweitung der Verfügbarkeitssphäre eine Reflexion über das Maß des Menschen, etwa über sein Verhältnis zu Gott. Es ist auffällig, daß die menschliche Technik immer wieder als Konkurrenzunternehmen zur göttlichen Schöpfungsleistung gesehen wurde und daher schon früh, das zeigt die Figur des Prometheus, den Vorwurf der Hybris auf sich zog. Die Prometheus-Figuration begleitet die Reflexion über den Menschen als Techniker durch die Kulturgeschichte. Anhand dieser Figur wurde das Verhältnis von Gott und Mensch, wurden Anspruch und Anmaßung des schöpferischen Selbstbewußtseins in verschiedenen Varianten und mit verschiedenen Stoßrichtungen austariert.[1]

Technologie und Theologie

Die prometheische Selbstbehauptung des Menschen ist aber nur ein Motiv für die Engführung von Technologie und Theologie. Schon das menschliche Streben nach gottähnlicher Vollkommenheit hängt eng mit der technischen Weltkonstitution zusammen; denn der Mensch kann sich hier selbst als Konkurrent oder als begabter »Assistent Gottes« sehen.[2] Für das Selbstverständnis des Menschen spielt es eine große Rolle, daß auch Gott nicht nur als Schöpfer, sondern auch als Handwerker, Demiurg, Uhrmacher usw. begriffen wurde. Vor dieser theologisch-technizistischen Matrix konnte der Mensch sich selbst ein anthropologisches Profil als Techniker geben. Dies kulminiert in der frühen Neuzeit bei Giovanni Pico della Mirandola. In seiner berühmten Rede *De hominis dignitate* nennt Pico Gott den »summus Pater architectus Deus«, den höchsten Baumeister und »optimus artifex«, den besten Künstler.[3] Die anthropologische Bedeutung dieser Titel wird in der Pointe der Rede klar: Im Gegensatz zu den anderen Wesen hat der Mensch auf der Erde keine feste Wohnstatt, sondern muß sie sich selbst schaffen. »Weder als einen Himmlischen«, so spricht Gott in Picos Text zu Adam und formuliert damit seine Anthropologie, »noch als einen Irdischen

1 Siehe H. Blumenberg: Arbeit am Mythos.
2 Dem geht K. Meyer-Drawe nach: Menschen im Spiegel ihrer Maschinen, S. 41 ff.
3 G. Pico della Mirandola: De hominis dignitate, S. 6; siehe K. Meyer-Drawe: Menschen im Spiegel ihrer Maschinen, S. 52 ff.

haben wir dich geschaffen und weder sterblich noch unsterblich dich gemacht, damit du wie ein Former und Bildner deiner selbst nach eigenem Belieben und aus eigener Macht zu der Gestalt dich ausbilden kannst, die du bevorzugst.«[4] Nachdem Gott als der beste Architekt vorgestellt wurde, wird der Mensch als Baumeister seiner selbst und seiner Welt bezeichnet. Technik ist hier gewissermaßen angewandte Theologie.

Zu dieser Deutung der Technik als Königsweg, gottähnlich zu werden, findet sich naturgemäß auch die entgegengesetzte: Die mittels der Apparate angestrebte Gottähnlichkeit wird oft gerade als das Problem der Technik gesehen, denn in ihr drückt sich eine Allmachtsanmaßung aus. Schon Prometheus weist in seiner Rolle als »Lichtbringer« eine gewisse etymologische Verwandtschaft zu »Luzifer« auf. Auch Sigmund Freud hat in *Das Unbehagen in der Kultur* diese Tradition aufgegriffen und zum kulturkritischen Topos gemacht: »Im Interesse unserer Untersuchung wollen wir aber auch nicht daran vergessen, daß der heutige Mensch sich in seiner Gottähnlichkeit nicht glücklich fühlt.«[5] Günther Anders hat dann versucht, um eine Wendung von Marx aufzugreifen, die »theologischen Mucken und metaphysischen Spitzfindigkeiten« der Technisierungsprozesse zu beschreiben, um ihren immensen Erfolg zu erklären. Nur weil der Mensch sich als guter »Objekthirte« verstehen kann, weil er sich zu seinem Leib- und Seelenheil der *imitatio instrumentorum* verschreibt, weil er von einer »Dingfrömmigkeit« geprägt ist,[6] verleiht er der Technik einen solchen Stellenwert in seinem Leben. Allein dadurch, daß in der Technik bestimmte Theologoumena aufgenommen und konserviert werden, kann sie nach Anders ihre auratische Macht

4 G. Pico: De hominis dignitate, S. 9.
5 S. Freud: Das Unbehagen in der Kultur, S. 58.
6 Siehe G. Anders: Die Antiquiertheit des Menschen I, S. 43.

entfalten. Auch Blumenberg betont, daß sich selbst hinter einer simplen Apparatur wie etwa einer Türklingel eine theologische Tiefenstruktur verbirgt: »Befehl und Effekt, Order und Produkt, Wille und Werk sind auf die kürzeste Distanz aneinandergerückt, so mühelos gekoppelt wie im heimlichen Ideal aller nachchristlichen Produktivität, dem göttlichen ›Es werde!‹ am Anfang der Bibel.«[7] Als Leitbild für die technische Ausweitung der menschlichen Leistungssphäre hatte Blumenberg ja schon die Schöpfung als »technischen Urakt« identifiziert. Darüber hinaus ist die Teleologie der Technik ohne die Säkularisierung eines vormals eschatologischen Horizonts kaum zu verstehen. Die Entwicklung der Technik wird nicht nur als quasievolutionäre gedeutet, sondern mit ihr verbindet sich oft eine Art Heilsversprechen: Technisierungsprozesse werden nicht als »neutrale« Entwicklungsphänomene wahrgenommen, sondern immer vor dem Hintergrund von Hoffnungen auf ein besseres, leidfreies, glückliches Leben. Dem eigenen Körper eine paradiesische Existenzform zu verleihen, wenn nicht das Himmelreich auf Erden, so doch die mutmaßliche körperliche und seelische Verfassung himmlischen Glücks zu realisieren, scheint das Anliegen vieler biotechnologischer Visionen zu sein.

Solche theologischen Substrukturen der Technik erlauben den Befund, daß Technisierungsprozesse mehr umfassen als die quantitative Zunahme technischer Produkte und die gesellschaftliche Etablierung entsprechender Rationalitätsformen. Sie sind mit dem Bedürfnis verknüpft, den Handlungsoptionen, die durch sie erst möglich werden, Legitimität zu verleihen. Will man das begreiflich machen, greift man oft auf theologische Begriffe oder zumindest auf Begriffe mit theologischen Allusionen (»Gott

7 H. Blumenberg: Lebenswelt und Technisierung, S. 36.

spielen«) zurück; Technisierungsprozesse scheinen theologische Fragen also immer mitzuproduzieren. Ihre Dynamik scheint zumindest auch an theologische Hintergrundvorstellungen zur Stellung des Menschen in der Welt und zu dessen Verhältnis zum perfektesten Wesen geknüpft.

Technologische Träume

Gleichzeitig hat die Technik aber auch eine Nähe zum Irrationalen, zum Träumerischen. »Wer«, schreibt Gehlen, »als Psychologe den Zauber sieht, den die Autos auf unsere Jugend ausüben, kann keinen Zweifel daran haben, daß hier ursprünglichere Interessen ins Spiel gesetzt werden als rationale und praktische.«[8] Dies liegt an der Nähe der Technik zur Magie, dem Wunsch, zum eigenen Vorteil oder zugunsten Dritter in die Wirklichkeit einzugreifen. Der Begriff »Mechanik« stammt etymologisch vom griechischen Wort für Täuschung und bezeichnete ursprünglich die Illusionsmaschinerie im Theater.

Freud schreibt in seinem *Unbehagen*-Essay, daß der Mensch sich durch Wissenschaft und Technik seine »Märchenwünsche« erfülle;[9] Goethe hatte im *Faust* das magische Wünschen und die Technik in der Figur des Mephistopheles konvergieren lassen. Und es ist Ernst Bloch, der in *Prinzip Hoffnung* den Träumen, Hoffnungen und Utopien der Technik nachgegangen ist. So betont er etwa, daß selbst das technizistische Wissenschaftsparadigma des *homme machine* einen »neuen Schauder, einen bis dahin sogar ungekannten« verursache, denn in »ihm mischte sich ein Stück Golemsage mit dem Uhrengleichnis, von dem das

8 A. Gehlen: Der Mensch und die Technik, S. 15 f.
9 S. Freud: Das Unbehagen in der Kultur, S. 57.

Barock voll ist«.[10] Daher spricht er auch vom Baconschen »Wissen ist Macht« als der Möglichkeit, die »alten Erfinderträume« und Wunschvorstellungen der Magie zu erfüllen.[11] Die märchenhaften Aspekte der Technik nimmt er dabei auch im Alltag wahr:

> »Ein Nachklang ist noch in der Reklame-Darstellung modern-chemischer Laboratorien: gerade das blitzende Glas, das helle mechanistische Licht greift in alte, merkwürdig vermehrte Phantasie. Auf jeden Fall: auch die Mechanik schien Geheimes zu zeigen, ein Abenteuer- und Hybrisland über den Grenzen, mitten in der Nüchternheit.«[12]

Technisierungsprozesse werden also nicht nur als Entzauberungserscheinungen wahrgenommen, die Auseinandersetzung mit ihnen führt auch zu allerhand Repoetisierungen: In Science-fiction-Filmen wie *Star Wars* (1977-2005) wird ein moderner Mythos erfunden. Die Funktionsweise der Technik wird nicht nur wie in Charles Chaplins *Modern Times* (1936) zum Gegenstand der Kritik, sie wird auch als Faszinosum und Quasi-Magie inszeniert, etwa in den James-Bond-Filmen, oder sie wird als Möglichkeit der menschlichen Selbstperfektionsfähigkeit präsentiert, wie zum Beispiel in *Mission Impossible* (1996). In derartigen Filmen fungiert die Technik als Spiegel menschlicher Kontrollphantasien und Perfektionierungsbedürfnisse, die in Formen fast künstlerischer Virtuosität und Leichtigkeit erscheinen. Diese Ausdrucksformen des Wunsches nach souveräner Beherrschung werden interessanterweise fast immer durch katastrophische Eskalationen der Technisierung konterkariert.

Dieser Zusammenhang von Märchenwünschen und Technik ist von Bedeutung, weil sich mit letzterer immer auch irrationale

10 E. Bloch: Das Prinzip Hoffnung II, S. 736.
11 Ebd., S. 759.
12 Ebd., S. 736.

Aspekte verknüpfen: Wer über Technisierungsprozesse redet, muß auch über die mit ihnen verbundenen Träume sprechen. Denn sie werden durch Märchenwünsche vorangetrieben, produzieren aber auch immer wieder neue Sehnsüchte. Auch wegen dieser irrationalen Substruktur und ihres Projektionsflächencharakters ist die Technik nicht neutral, sondern mit tiefen menschlichen Bedürfnissen verbunden, die es ebenso wie die theologisch-anthropologischen Reflexionsmotive explizit zu machen gilt, wenn man Technisierungsprozesse verstehen möchte. Noch der Brockhaus (19. Auflage) von 1993 vermerkt volkspädagogisch, mit der Technik seien auch allerlei »irrationale Tiefenstrukturen« verbunden, daher solle man sich auch mit Nietzsches Wille-zur-Macht-Theorem und insbesondere mit Oswald Spenglers *Der Mensch und die Technik* von 1934 beschäftigen (im Brockhaus der siebziger Jahre wird Spenglers reichlich brutales und faschistoides Buch noch unkommentiert als einer der Standardtexte zum Thema angeführt).

Als sublimierte Formen sind Technikträume die Quelle der verschiedenen Fortschrittsutopien. Es ist kein Zufall, daß Francis Bacon, der die »harte« neuzeitliche Wissenschaft propagierte, mit seiner *Nova Atlantis* aus dem Jahr 1627 auch eine der bekanntesten Wissenschafts- und Technik-Utopien verfaßte; das Utopische ist offenbar einer der Motoren der Technisierungsprozesse. Bacon imaginiert darin eine Akademie der Wissenschaften auf der Insel Bensalem (die das Vorbild für die britische Royal Society darstellt, die 1660 gegründet wurde), die das Ziel der Ausdehnung des Verfügbarkeitsrahmens folgendermaßen verfolgt: »Unsere Gründung hat den Zweck, die Ursachen des Naturgeschehens zu ergründen, die geheimen Bewegungen in den Dingen und die inneren Kräfte der Natur zu erforschen und die Grenzen der menschlichen Macht so weit auszudehnen, um alle möglichen Dinge zu bewirken.«[13] Es ist charakteristisch für solche utopischen Programme, daß sie auch die innere Bereitschaft des Menschen für den technischen Fortschritt thematisieren. Bei Bacon findet sich diese Selbsttransformation der Technikoptimisten in der leicht gespenstischen Atmosphäre einer durchpuritanisierten Gesellschaft auf Neu-Atlantis, deren elitäres Sichabschotten bei der Ankunft auf der Insel Bensalem zu geradezu kafkaesken bürokratischen Verfahren führt. Technisierungsprozesse generieren Menschen- oder Menschheitsverbesserungsideen – und dies nicht als eine Art Beiprogramm. Die Freisetzung menschenverändernder Phantasien ist vielmehr für solche Prozesse konstitutiv. Die Reihenfolge »erst die menschenverändernden Träume, dann die entsprechende Technik« stimmt insofern nur zur Hälfte. Auch die Technisierung selbst generiert solche Träume.

Den Zusammenhängen von Technikträumen, eschatologischem Denken und aufklärerischer Geschichtsphilosophie als Motor und Zielvorgabe für Technisierungsprozesse kann hier nicht nachgegangen werden. Doch es ist wichtig zu sehen, daß das utopische Potential in der ethischen Debatte zu selten thematisiert wird: Die Ziele der Technik sind womöglich weniger nüchtern, als es ihre Rationalität suggeriert.

Technik und Tragik

Weil die Ziele von Technisierungsprozessen irrationalen Charakter annehmen können, sollten diese ebenso thematisiert werden wie die Möglichkeiten der Risikominimierung. Vor diesem Hintergrund sind Vereinigungen wie The Transhumanist Movement und die World Transhumanist Association von Bedeutung, weil

13 F. Bacon: Neu-Atlantis, S. 43.

sie die Ziele technologischer Eingriffe – die Überwindung der Hinfälligkeit der menschlichen Natur – explizit machen. Wie Jan-Christoph Heilinger herausgearbeitet hat, sind die Utopien der Transhumanisten keine Utopien vom Menschen mehr, sondern Utopien für ein Wesen, das das imperfekte Menschsein hinter sich lassen will.[14] Genaugenommen steht der Begriff des »Transhumanismus« für eine anthropologische Steigerungsbewegung, während unter »Posthumanismus« Theoriebildungen über das Wesen gefaßt werden, das einst Mensch genannt wurde. Die Schriften der Transhumanisten lesen sich wie tiefenpsychologische Protokolle des auf der Couch liegenden Homo faber, der von seinen geheimen Träumen erzählt. Mehr noch: Das vehemente Hinter-sich-lassen-Wollen des unzulänglichen menschlichen Seins erinnert durchaus an den Freudschen Todestrieb.

Die angebliche Notwendigkeit, die menschliche Natur zu verbessern, wird meist mit einer Art evolutionistischem Auftrag verbunden: Es sei die Bestimmung des Menschen, die Evolution selbst in die Hand zu nehmen. Die transhumanistische Bewegung ist demnach ein weiteres Beispiel dafür, daß Technik offenbar immer auch ein anthropologisches oder theologisches Selbstverortungsbedürfnis hervorruft. In der Beschreibung der eigenen Arbeit an technologischen Innovationen und in der Diskussion über die Möglichkeiten der Technik geht es nicht nur um einzelne Produkte oder konkrete biotechnologische Veränderungen, sondern immer auch um das menschliche Selbstverständnis, denn das Tun des Menschen scheint auch hier nicht von seinem Selbstbild ablösbar. Gerade die Biotechnologie setzt immer eine »Natur des Menschen« voraus. Denn das, was man verändern oder »verbessern« will, fußt auf einer Norm des Bestehenden –

14 J.-C. Heilinger: Anthropologie und Ethik biotechnischer Verbesserungen von Menschen, Kap. 9.

auch wenn man diese Norm überschreiten will. Der Transhumanismus als Beispiel für ein Zerrbild des wissenschaftlich-technischen Fortschrittsoptimismus kann *ex negativo* zur anthropologischen Standortbestimmung beitragen. Dadurch schärft er vielleicht auch unsere Aufmerksamkeit dafür, wie anthropologisch »schmalspurig« manche seriösen biotechnologischen Optimierungsprogramme sind. Schließlich vermitteln auch diese Programme bisweilen den Eindruck, die biotechnologische Selbstbeherrschung, die mit einem dramatischen Verlust an humanem Wissen einhergehen kann, sei das alleinige Kriterium für die Ausrichtung des menschlichen Handelns geworden.

Es ist jedenfalls symptomatisch, daß die bioethische Debatte bereits die verschiedenen Spielarten des Transhumanismus und Posthumanismus diskutiert; Francis Fukuyamas *Das Ende des Menschen* heißt im amerikanischen Original *Our Posthuman Future*, und ein neuerer Sammelband, der auch transhumanistische und posthumanistische Positionen und kritische Einwände zum Thema hat, erschien unter dem Titel *Medical Enhancement and Posthumanity*.[15] Die merkwürdige Selbstverständlichkeit dieser Titel ist vielleicht damit zu erklären, daß hier eine Traditionslinie vorliegt, in der der Austausch des »neuen« gegen den »alten« Menschen ein vertrautes Modell ist.

Die biotechnologischen Optimierer argumentieren gern, der Mensch sei *per definitionem* jenes Wesen, das danach strebt, sich selbst zu perfektionieren. Dieser nicht falschen, aber allzu einfachen Einsicht möchte ich hier ein anthropologisches Modell entgegensetzen, das der antithetischen Struktur der Technisierungsprozesse Rechnung trägt. Das Selbstperfektionierungsbedürfnis des Menschen betrachte ich vor der Folie der Möglichkeit des tra-

---

15 F. Fukuyama: Das Ende des Menschen; B. Gordijn, R. Chadwick (Hg.): Medical Enhancement and Posthumanity.

gischen Scheiterns, wobei ich an Goethes *Faust*, insbesondere an
Faust II anschließe, einen Text, der bis heute eine der wichtigsten
Reflexionen über die Dynamik der Technisierung, utopische
Sehnsüchte und die realen Sackgassen der *conditio humana* darstellt. Goethe entwickelt hier ein anthropologisches Modell des
»Strebens«, des »dunklen Dranges« nach Selbstvervollkommnung
mittels der Instrumente der neuzeitlichen Wissenschaft und Technik. Er zeigt aber auch, wo das tragische Potential der Technik
liegt: darin, daß der Mensch das ursprüngliche Ziel dieser Selbst-
vervollkommnung aus den Augen verlieren kann. Die Figur des
Faust selbst durchläuft im Stück eine Entwicklung: Während er
zunächst von egoistischen Motiven getrieben scheint, bekennt er
sich später zu humanistischen und sozialen Werten; er formuliert
schließlich, inzwischen erblindet, eine eigene Utopie (»Der Völ-
ker breiten Wohlgewinn«), die er mittels diverser Entwässe-
rungs-, Dammbau- und der Kultivierung von Land gewidmeten
Projekten realisieren will:

»Eröffn’ ich Räume vielen Millionen,
Nicht sicher zwar, doch tätig-frei zu wohnen [...].
Da rase draußen Flut bis an den Rand,
Und wie sie nascht, gewaltsam einzuschließen,
Gemeindrang eilt, die Lücke zu verschließen [...]
Das ist der Weisheit letzter Schluß:
Nur der verdient sich Freiheit wie das Leben,
Der täglich sie erobern muß.
Und so verbringt, umrungen von Gefahr,
Hier Kindheit, Mann und Greis sein tüchtig Jahr.
Solch ein Gewimmel möcht’ ich sehn,
Auf freiem Grund mit freiem Volke stehn.«[16]

16 J. W. von Goethe: Faust II, V. 11563 ff.

Auch wenn gerade diese Vision bekanntlich dazu führt, daß Faust von einem »Augenblicke« sagen »darf«, »Verweile doch, du bist so schön!«[17] (wodurch er die im ersten Teil der Tragödie geschlossene Wette mit dem Teufel scheinbar verliert), so scheitert er dennoch mit der von ihm eingesetzten Technik: Philemon und Baucis, die zwei alten Liebenden aus der Antike, von denen es in den *Metamorphosen* Ovids heißt, sie würden in Bäume verwandelt, deren Wurzeln sich ineinander verschlingen, werden von dem Techniker Mephistopheles vertrieben, ihre Hütte wird vernichtet, sie werden im metaphorischen Sinne entwurzelt.

Dies weckt Zweifel in Faust: »Könnt' ich Magie von meinem Pfad entfernen, / Die Zaubersprüche ganz und gar verlernen, / Stünd' ich, Natur, vor dir ein Mann allein, / Da wär's der Mühe wert, ein Mensch zu sein.«[18] Mit Magie meint er die Technik, derer sich Mephistopheles allzeit virtuos bedienen kann und die offenbar zu einer Erfahrung des Verlusts geführt hat, der die Natur als Sinnressource gegenübergestellt wird – was allerdings recht hilflos wirkt. Ein einfaches »Zurück zur Natur« kann es nicht geben.

Ulrich Gaier hat in seiner *Faust*-Interpretation die Vermutung geäußert, Goethe habe sich möglicherweise am anthropologischen Programm des Renaissance-Vordenkers Marsilio Ficino orientiert.[19] Die Anthropologie noch in theologischen Kategorien denkend, beschrieb Ficino das Streben des Menschen grundsätzlich als ein Streben der menschlichen Seele, wie Gott werden zu wollen. Ficino nannte folgende Wege, auf denen der Mensch dieses Ziel erreichen könne: durch Einsicht in eine höchste Wahrheit, durch Leistung, Macht, aber auch indem er sich selbst ver-

17 Ebd., V. 11581 f.
18 Ebd., V. 11404 ff.
19 Siehe U. Gaier: Faust, Tragische Bilanz der Neuzeit, S. 15-56.

ehre wie einen Gott. Im *Faust* spiele Goethe diese Wege der Selbst-vervollkommnung durch, um ihr tragisches Potential vorzuführen. Im *Faust* werde der Mensch als das über sich hinausstrebende Wesen vorgestellt, das die Renaissance-Idee des Gottgleichwerdens auch durch Technik zu säkularisieren sucht. Diese kryptotheologische Energie der Technisierungsprozesse kann Bedeutendes und Humanitäres hervorbringen, gleichzeitig kann der Mensch aber an seinem eigenen Anspruch scheitern. Es muß darum gehen, das Eskalationspotential dieses Strebens zu erkennen – die Aufdeckung der Momente des Tragischen in den Technisierungsprozessen kann zur anthropologischen Selbstvergewisserung beitragen und das simple anthropologische Selbstperfektionierungstheorem ersetzen. Dabei soll keinesfalls mit Spengler kulturmorphologisch gemunkelt werden, daß die westliche Zivilisation als »faustische Kultur« notwendigerweise zugrunde geht. Der *Faust* thematisiert vielmehr die antithetische Struktur der Technisierungsprozesse als eine tragische, die entsteht, wenn die Selbstperfektionierung keinen Richtwert hat – bzw. wenn an die Stelle des Werdens wie Gott die Selbstanpassung an die Perfektion der Technik tritt.

Der Homo faber als anthropologische Reflexionsfigur

Eine der Möglichkeiten, sich über den Charakter der technischen Rationalität zu verständigen, ist klassischerweise die Figur des Homo faber. Entgegen der Auffassung, sie stehe lediglich für einen simplizistischen Erklärungsansatz,[20] soll der Homo faber hier als anthropologische Reflexionsfigur verstanden werden, mit der Eigenarten, Befürchtungen und Ängste thematisiert werden

---

20 Siehe exemplarisch A. Luckner: Heidegger und das Denken der Technik.

können, die sich aus der antithetischen Struktur der Technisierungsprozesse ergeben. Der Homo faber ist keine feste Größe oder so etwas wie die reale Verfaßtheit des (heutigen) Menschen, sondern er hat eine anthropologische Indikationsfunktion; auf diese Weise können mit seiner Hilfe Änderungen des menschlichen Selbstverständnisses thematisiert werden.

Der Ausdruck »Homo faber« wurde zwar bereits in der Antike verwendet, etwa in dem römischen Sprichwort »Homo faber suae quisquae fortunae« (»Jeder ist seines Glückes Schmied«), und auch Karl Marx hatte ihn im Rückgriff auf Benjamin Franklins Definition des Menschen als »tool-making animal« in gewisser Weise vorgeprägt.[21] Als anthropologischer Fachbegriff wurde er jedoch erst 1907 von Henri Bergson in *L'evolution créatrice* verwendet. Besonders prägnant definiert er ihn 1934 in *La pensée et le mouvant (Denken und schöpferisches Werden)*:

»Wir schätzen unsererseits die wissenschaftliche Erkenntnis und die technische Kompetenz ebenso hoch wie die intuitive Schau. Wir glauben, daß es zum Wesen des Menschen gehört, auf materiellem und moralischem Gebiet schöpferisch zu sein, Dinge zu fabrizieren und sich selbst fortzubilden. *Homo faber*, das ist die Definition, die wir vorschlagen.«[22]

Bergson stellt den Homo faber gleichberechtigt neben den Homo sapiens und betont damit den (selbst)schöpferischen Aspekt seiner anthropologischen Konzeption. Bei seinem ersten großen Auftritt auf der Bühne der philosophischen Reflexion hatte der Homo faber also durchaus sympathische Züge.

Erst Max Scheler, der das Konzept von Bergson übernahm (er zitiert aus *L'evolution créatrice*),[23] verlieh ihm eine negative Kon-

21 Siehe K. Marx: Das Kapital I, S. 194.
22 H. Bergson: Denken und schöpferisches Werden, S. 102.
23 M. Scheler: Zur Idee des Menschen, S. 190.

notation. Dabei bezeichnet er mit Homo faber nicht nur den Menschen hinsichtlich seiner technischen Intelligenz, sondern das Menschenbild naturwissenschaftlich-reduktionistischer (insbesondere darwinistischer) Theorien insgesamt. In diesen würde behauptet, es gebe keinen prinzipiellen Unterschied zwischen Mensch und Tier, da auch das Tier in gewisser Weise mit Intelligenz begabt sei. Diese Theorien, so Scheler,

> »hängen damit in irgendeiner Form der großen Einheitslehre vom Menschen an, die ich als Theorie des ›homo faber‹ bezeichne, und kennen selbstverständlich dann auch keinerlei metaphysisches Sein, keine Metaphysik des Menschen, das heißt kein ausgezeichnetes Verhältnis, das der Mensch als solcher zum Weltgrunde besäße.«[24]

Aus Schelers Sicht ist der Homo faber also durch einen antimetaphysischen Affekt gekennzeichnet.

Vor diesem Hintergrund unterscheidet Scheler Person-Sein und Selbstverständnis des Menschen strikt von der Intelligenz des Homo faber. Auch Tiere verfügten über intelligenzähnliche Fähigkeiten, der Homo faber stelle lediglich eine Art weiterentwickelte tierische »Cleverneß« dar, die man von der Personalität des Menschen strikt unterscheiden müsse. In einer Fußnote in *Die Stellung des Menschen im Kosmos* heißt es: »Zwischen einem klugen Schimpansen und Edison, dieser nur als Techniker genommen, besteht nur ein – allerdings sehr großer – *gradueller* Unterschied.«[25] Man muß Schelers Anthropologie nicht teilen, um die Funktion zu erkennen, die der Homo faber hier als Reflexionsfigur bekommt. Wenn Scheler den Menschen also als Homo faber bezeichnet, so geht es ihm darum, vor einem impliziten Reduktionismus und der damit verbundenen Ignorierung anderer Be-

24 M. Scheler: Die Stellung des Menschen im Kosmos, S. 31.
25 Ebd. Siehe auch M. Scheler: Zur Idee des Menschen, S. 190.

reiche des Humanen zu warnen. Damit verdichten sich im Homo faber die vertrauten Debatten um das Wesen des Menschen, die in Umbruchszeiten immer wieder aufflackern und in denen regelmäßig reduktionistische und holistische, konservative und fortschrittliche, biologistische und personalistische Positionen in verschiedenen Ausprägungen aufeinandertreffen: Im ersten Drittel des 20. Jahrhunderts entsteht das Bedürfnis, diese alten Debatten vor dem Hintergrund der zunehmenden Präsenz der Technik im öffentlichen Bewußtsein – man denke an die Erfahrungen des Ersten Weltkriegs, die Wahrnehmung der großen Städte als »Moloch« – wieder aufzugreifen.

Ortega y Gasset, der in seinem Buch *Aufstand der Massen* aus dem Jahr 1930 allerdings nicht das Wort »Homo faber« verwendet, hat mit seinem »Primitiven« in der modernen Zivilisation, der sich völlig kulturlos nur für »Automobile, Anästhetika und ein paar andere Dinge« interessiert, dem Homo faber schon fast kabarettreife Züge verliehen.[26] Es ist dagegen wiederum Cassirer, der den Begriff des Homo faber im selben Jahr positiv verwendet. Auch wenn er die Dominanz der technischen Rationalität seiner Zeit diagnostiziert und kritisiert, betont er doch, daß der Homo faber zentrale Momente der abendländischen Rationalität repräsentiert. Diese hat er in seinen kulturanthropologischen Analysen zur Unterscheidung von Homo faber und Homo magus herausgearbeitet; er faßt den Homo faber dabei wieder enger, eher im Sinne der Vorstellung des »tool-making animal« und nicht als kulturkritische Chiffre für die technische Zivilisation.

Wie man den Konversationslexika dieser Zeit entnehmen kann, ist »Homo faber« in den zwanziger und dreißiger Jahren offenbar kein weitverbreiteter Begriff – dies markiert eine Diskrepanz zwi-

26 J. Ortega y Gasset: Der Aufstand der Massen, S. 58.

schen der philosophischen Debatte und der alltäglichen Auseinandersetzung mit den Änderungen der Lebenswelt –, erst in den
fünfziger und sechziger Jahren dringt er in die Umgangssprache
ein, nicht zuletzt unter dem Einfluß von Max Frischs Roman
Homo faber aus dem Jahr 1957. In dieser Zeit wird der Homo
faber immer wieder philosophisch geradezu inszeniert, etwa im
1956 erschienenen ersten Teil von Günther Anders' *Antiquiertheit
des Menschen*. In Hannah Arendts *Vita activa*, die amerikanische
Originalausgabe kam 1958 auf den Markt, spielt er sogar eine
Hauptrolle.

Die Konjunktur der Homo-faber-Figuration in der philosophischen Reflexion fällt in eine Zeit drastischer Erfahrungen mit
der Technik, von der Fordisierung der modernen Arbeitswelt bis
hin zu den Schocks der Weltkriege, insbesondere als 1945 die Zer-
störungskraft der Atombombe in Hiroshima manifest wurde.
Das Bedürfnis nach Selbstbefragung und Selbstinfragestellung
als Homo faber entsteht in einer gesellschaftlichen Umbruchs-
situation.

Was Max Frisch angeht, könnte Simone de Beauvoirs *Le Deu-
xième Sexe* von 1949, das 1951 unter dem Titel *Das andere Geschlecht* auf deutsch erschien, das begriffsgeschichtliche *missing
link* darstellen. »Der *homo faber* [...]«, schreibt Simone de Beauvoir dort, »begnügt sich nicht damit, aus dem Meer geholte
Fische nach Hause zu tragen: zuvor muß er den Bereich der
Gewässer erobern, indem er Einbäume aushöhlt. Um sich die
Reichtümer der Welt anzueignen, bemächtigt er sich der Welt
selbst. In diesem Handeln empfindet er seine Macht [...].«[27] Der
Erfolg des Homo faber hängt damit

»nicht von der Gunst der Götter, sondern von ihm selbst ab. Er

27 S. de Beauvoir: Das andere Geschlecht, S. 89.

fordert seine Gefährten heraus, er ist stolz auf seine gelungenen Vorhaben. Auch wenn er den Riten noch etwas Platz einräumt, sind die exakten technischen Verfahren ihm viel wichtiger [...]. Diese Welt von Geräten läßt sich in klare Begriffe
fassen: nun können rationales Denken, Logik und Mathematik entstehen.«[28]

In der Technik erkennt und feiert der Mann sich selbst, wie Simone de Beauvoir schreibt, und er sprengt die Grenzen der gegebenen Welt, um die Grundlagen für eine neue Zukunft zu
legen.[29] Trotz der dezidiert feministischen Perspektive zeichnet
de Beauvoir ein sehr genaues Bild des Homo faber, das die Deutung dieser Figur als ein spezifisches Charakterprofil bei Max
Frisch vorbereitet.

In seinem Roman porträtiert Frisch den Ingenieur Walter Faber, dessen Selbstverständnis als Techniker auch seine Lebensführung beeinflußt:

>»Ich glaube nicht an Fügung und Schicksal, als Techniker bin
ich gewohnt mit den Formeln der Wahrscheinlichkeit zu rechnen. [...] Ich bestreite nicht: Es war mehr als ein Zufall, daß
alles so gekommen ist, es ist eine ganze Kette von Zufällen.
Aber wieso Fügung? Ich brauche, um das Unwahrscheinliche
als Erfahrungstatsache gelten zu lassen, keinerlei Mystik; Mathematik genügt mir.«[30]

Frisch thematisiert die Internalisierung von Technisierungsprozessen, die Severino folgendermaßen beschrieben hat:

»[D]ie Behauptung ist nicht angebracht, daß die Macht der
technischen Instrumente nicht zuletzt von der sittlichen Stärke der Menschen, die sie benutzen, abhänge: weil die Technik

28 Ebd., S. 101 ff.
29 Ebd., S. 89.
30 M. Frisch: Homo faber, S. 22.

schon auf die Rekonstruktion der geistigen Struktur des Individuums zielt, um ihr jene psychologischen Qualitäten [...] zu verleihen, die für das wirksame Funktionieren der Instrumente erforderlich sind.«[31]

Bei Frisch ist diese »Rekonstruktion der geistigen Struktur des Individuums« zunächst ein Grund für das Selbstbewußtsein Walter Fabers. Nach den Inzesterfahrungen und dem Tod seiner Tochter sieht er sein technizistisch geführtes Leben kritisch gespiegelt. Vor diesem Hintergrund läßt Frisch Faber notieren: »*Diskussion mit Hanna! – über Technik (laut Hanna) als Kniff, die Welt so einzurichten, daß wir sie nicht erleben müssen, Manie des Technikers, die Schöpfung nutzbar zu machen, weil er sie als Partner nicht aushält, nichts mit ihr anfangen kann* [...].«[32] Das Motiv des von der Technik induzierten Erfahrungsverlustes taucht hier in einer interessanten Variante auf: Immerhin sieht Faber sich dem Vorwurf ausgesetzt, er würde die Technik bewußt einsetzen, um sich vor den unkontrollierbaren Erfahrungen, die das Leben in seiner Unwägbarkeit bereithält, zu schützen. Gleichzeitig inszeniert Frisch hier die Identitätskrise als Krise des Vertrauens in die Singularität und Eindeutigkeit von Identität überhaupt. Während Frisch in *Stiller* und *Mein Name sei Gantenbein* die Dissoziierung der Identität durch Rollenpluralität durchspielt, zeigt er in *Homo faber*, daß die Festlegung auf eine einzige Identität (die des Technikers) eine Art Korsettierung darstellt, die ebenfalls zu krisenhaften Erfahrungen führen kann.

Dient die Figur des Homo faber bei Frisch dazu, einen literarischen Charakter zu profilieren, so inszeniert ihn Hannah Arendt in dieser Zeit als philosophischen Typus: Der Homo faber ist bei ihr ein zweckrationaler Utilitarist, der Werkzeuge und Geräte

31 E. Severino: Vom Wesen des Nihilismus, S. 18.
32 M. Frisch: Homo faber, S. 169.

erfunden habe, »um mit ihnen eine Welt zu errichten, aber nicht, oder doch nicht primär, um dem menschlichen Lebensprozeß zu Hilfe zu kommen«.[33] Der Homo faber repräsentiert die Tätigkeitsform des »Herstellens«, also diejenige Tätigkeit, die neben dem »Handeln« und der »Arbeit« das »tätige Leben« des Menschen umfaßt. In *Vita activa* taucht der Homo faber immer wieder als Chiffre auf – Arendt nennt ihn übrigens immer ohne Artikel, wie einen Eigennamen –, wenn es darum geht, die Grenzen der technischen Weltkonstitution und Weltkonstruktion zu verdeutlichen. Arendt sieht den Homo faber in der Tradition des sophistischen Satzes, nach dem der Mensch das Maß der Dinge sei – wobei sie an diesem Theorem nur das Moment der selbstüberschätzenden Anmaßung interessiert, nicht die humanistischen Aspekte, die mit ihm durchaus auch verbunden werden können. Um den Homo faber in Szene zu setzen, erfindet sie sogar das »Animal laborans«, den Menschen als Arbeiter, der sich in den Prozeß des Überlebens und Ernährens eingliedert. Mit der Rückbindung der Arbeit an die »Fruchtbarkeit«, an den »Stoffwechsel« und an das »Gebären« illustriert sie ihre These, die Produktivität der Arbeit verbinde sich mit der Qualität von Lebensvollzügen.[34] Dem steht die Produktivität des Herstellens gegenüber, die die Welt verdinglicht, indem sie sich von den fundamentalen Lebensprozessen distanziert. Damit wird der Mensch in ein entfremdetes Verhältnis zur Natur und sich selbst gerückt, weil ihm ein elementares Wissen um sich selbst verlorengeht. In dem geschichtsphilosophischen Teil des Buches tauchen Homo faber und Animal laborans in einer anthropologischen Gigantomachie auf, in der Homo faber zwar eine Schlacht gewinnt, das Animal laborans aber schließlich den Sieg davonträgt. Der Homo

33 H. Arendt: Vita activa, S. 137.
34 Ebd., S. 92 ff.

faber scheitert bei Arendt letzten Endes an seinem utilitaristi-schen »Glückskalkül«. Bei der Frage nach dem gelungenen und guten Leben stößt er an seine Grenzen: Glück kann man nicht herstellen.

In Günther Anders' *Antiquiertheit des Menschen* von 1956 er-scheint der Homo faber dagegen als ein Typus, der bereits der Vergangenheit angehört:

> »Der klassische homo-faber hatte sich ja damit beschieden, Weltstücke zu verwenden, um seine eigene, von der Welt selbst nicht vorgesehene, Welt herzustellen, und darin seine Bestim-mung und seine Freiheit gesehen. Was er dafür nicht benö-tigte, das ließ er intakt. Während der heutige Mensch in der Welt als ganzer eo ipso nur Material sieht; sich selbst lieber neue Bedürfnisse aufzwingt, als Seiendes intakt und unver-wendet zu lassen; und die Welt als Ganze verarbeiten, verwan-deln, ›fertig machen‹ will.«[35]

Der neue Homo faber ist durch eine Selbstdeformation gekenn-zeichnet, die ihn sich selbst und seine Bedürfnisse an die Technik anpassen läßt. Im zweiten Band der *Antiquiertheit des Menschen* sagt Anders, der Mensch habe den Status des Homo faber hinter sich gelassen und sei in die Position des Homo creator aufge-rückt, der zwar weiterhin die ganze Welt unter dem Generalnen-ner des zu gestaltenden Materials betrachte, dabei allerdings ins-besondere Natürliches herstelle und sich damit selbst in einen »Rohstoff« verwandle.[36] In dieser Zeit, Anfang der achtziger Jah-re, nimmt übrigens auch Hans Jonas die Figur des Homo faber auf, um die »Schöpferrolle« des Menschen in der Gentechnik zu diskutieren.[37] Dies weist schon auf die aktuelle Situation voraus:

---

35 G. Anders: Die Antiquiertheit des Menschen I, S. 186.
36 G. Anders: Die Antiquiertheit des Menschen II, S. 21 f.
37 H. Jonas: Technik, Medizin und Ethik, S. 204 ff.

Heute sind es die Bio- und Neurotechnologien, die eine Selbstverständigung über uns als Homines fabri provozieren.

Faßt man diesen Schnelldurchgang durch die *loci classici* zusammen, so lassen sich folgende Aspekte isolieren, die den Homo faber kennzeichnen: *Erstens* ist die Figur mit wenigen Ausnahmen wie Bergson oder Cassirer fast durchgehend negativ besetzt; der Homo faber gilt als Selfmademan, der sich selbst seine Welt erschafft und die Technik zum Maß aller Dinge erhebt. *Zweitens* kommt in diesem Typus ein anthropologischer Reduktionismus zum Ausdruck, in dessen Rahmen eine bestimmte Form der Intelligenz von der personalen Sphäre des Menschen geschieden wird. Der Homo faber markiert also eine Grenzlinie innerhalb des menschlichen Seins selbst, weil die instrumentelle Vernunft isoliert von der emotionalen, sinnexplikativen oder kommunikativen Vernunft betrachtet wird. *Drittens*: Der Homo faber wird damit Ausdruck für die internalisierte Form von Technisierungsprozessen, er steht für ein bestimmtes Charakterprofil. *Viertens*: Der Homo faber legt seine technischen Kriterien an die Lebensführung an und kolonialisiert damit seine Lebenswelt, um eine Wendung von Jürgen Habermas zu gebrauchen. Der Homo faber scheitert an der vermeintlichen Herstellbarkeit des Glücks. *Fünftens*: Der Homo faber ist als Ethiker ein Utilitarist, was bei Hannah Arendt keine Auszeichnung ist. *Sechstens*: Schließlich paßt der Homo faber sich den Bedürfnissen seiner Technik an und gerät so in eine Entfremdungsspirale.

Insgesamt kann die Reflexion über den Homo faber dafür sensibilisieren, daß die Moderne bisweilen einen Rationalitätstyp zum Maß der Dinge erhebt und sich damit möglicherweise anderen Wirklichkeitsbereichen verschließt; der Homo faber wird, um eine Diagnose von Norbert Elias zu variieren, zum Homo clausus, zum verkapselten, sich äußeren Einflüssen verschließenden Menschen.[38] Insofern steht auch Herbert Marcuses »eindimensionaler Mensch« in dieser Tradition. Das Problem des Homo faber ist nicht, daß er Technik anwendet und entwickelt, sondern daß er dies in einer Weise tut, in der Alternativen verlorengehen können. Der Homo faber steht dann für eine Marginalisierung eines vielfältigen kulturellen Orientierungswissens zugunsten einer technologischen Reduktion der Wirklichkeitserfahrung.

Der Homo faber ist hierin dem Homo oeconomicus verwandt. Beide verabsolutieren die Codes bestimmter Funktionssysteme. Als leitende Vorstellungen, wie der Mensch sei oder zu sein habe, wirken sie auf die individuelle Entwicklung zurück. Cassirer betont in Auseinandersetzung mit Walther Rathenau, einem der vehementesten Technikkritiker der Weimarer Republik, sogar, daß nicht »die Technik« selbst das Problem sei, sondern daß sich viele Probleme der Technik erst in der Verbindung mit ökonomischen Interessen ergäben. Doch übersieht er dabei, daß Homo faber und Homo oeconomicus Geschwister sind.

Der Homo faber: Gentleman oder Arbeiter?

Neben dem Homo faber gab es immer wieder auch andere Versuche, Technisierungsprozesse mit Hilfe anthropologischer Reflexionsfiguren zu verstehen. Dazu gehören die anthropologischen Techniker-Typisierungen von José Ortega y Gasset und Ernst Jünger – der Techniker als »Gentleman« und als »Arbeiter«.

Ortega griff in seinen Überlegungen zur Technik auf die »Existenzform« des Gentleman zurück, weil auch er den Grund für die Ausbildung der Technik in der Etablierung eines bestimmten

---

38 N. Elias: Über den Prozeß der Zivilisation, S. 52.

Menschenbildes sieht.[39] Hinter der Konturierung des Gentleman als Schrittmacher von Technisierungsprozessen steht die Idee, die avancierte Technik habe nur im Zusammenhang mit bestimmten Normen, die die Lebensform des Gentleman mit sich bringe, entstehen können. Der Gentleman – Ortega unterscheidet ihn von anderen Existenzformen, etwa derjenigen des Buddhisten – ist dadurch charakterisiert, daß er durch eigene Leistung eine Sphäre des Wohlstands und Wohlfühlens, des Freiseins von den Unbilden des Lebens schafft; er strebt danach, »in der rauhesten Wirklichkeit ein guter Spieler zu sein«.[40] Die These, das Selbstverständnis des Gentleman sei eine Voraussetzung für die Entwicklung der modernen Technik gewesen, bedeutet, daß sich der Mensch als jemand versteht, der sich, um einen anspruchsvollen Lebensstil pflegen zu können, die entsprechenden Ressourcen verfügbar macht, um sich durch die Technik individuelle Frei-(heits)räume zu schaffen. Das mag kontraintuitiv wirken, denn ein Gentleman scheint ja gerade nicht arbeiten und Technik entwickeln zu müssen. Doch Ortegas Idee ist es, die Technik nicht allein aus der handwerklichen Tradition heraus zu erklären, sondern ihre Dynamik an eine weltkontrollierende, aber Involvierung vermeidende Grundhaltung zu knüpfen. Die Techniker mögen in der Kulturgeschichte oftmals düstere Gestalten gewesen sein – vom hinkenden Hephaistos über die Arbeiter im venezianischen Arsenale, das Pate stand für Dantes Darstellung der Hölle in der *Divina Commedia*, bis hin zu den Nibelungen Mime und Alberich oder den baumeisterlich begabten Riesen Fasolt und Fafner in Richard Wagners *Ring des Nibelungen* – doch die Initiatoren und zumindest mittelfristigen Profiteure der Technik sind, um bei Wagner zu bleiben, die Götter, die ihre Träume von

39 J. Ortega y Gasset: Betrachtungen über die Technik, S. 42 ff.
40 Ebd., S. 44.

Walhall technisch realisieren. Wotan weiß, daß er die (unter)irdischen Techniker für die Herstellung der architektonischen Rahmenbedingungen seines Otiums dienstbar machen kann. Der Gentleman bei Ortega soll zum Ausdruck bringen, daß die moderne Technik weniger aus Notwendigkeit entsteht, sondern eher auf Notwendigkeiten reagiert. Dies jedoch aus der überlegenen Haltung, die Welt nach eigenem Geschmack einrichten zu können.

Der Souveränität des Gentleman steht Jüngers Typus des »Arbeiters« gegenüber. Die »Gestalt« des Arbeiters soll das Prinzip der Technisierungsprozesse verdeutlichen, für die Jünger bekanntlich die Formel der »totalen Mobilmachung« erfunden hat.[41] »Die Technik«, betont Jünger, »ist die Art und Weise, in der die Gestalt des Arbeiters die Welt mobilisiert.«[42] Jünger will mit diesem quasimetaphysischen Prinzip das bürgerliche Individuum verabschiedet wissen; der Wegfall der bürgerlichen Kultur ist bei ihm – in seiner kommißhaften Ausdrucksweise – eine willkommene »Gepäckerleichterung«. Die technische Neugestaltung der Welt hat bei ihm heeres- und ordensähnliche Züge, der Typus des Arbeiters – der bei Jünger keinesfalls der marxistische »Proletarier« ist, sondern eine Art Wirkprinzip – macht sich die Welt zu einem technisch kontrollierten Raum, zu einer globalen »Werkstättenlandschaft«, in der alles Menschliche zu einer Art Ressource wird. Jünger meint damit weniger eine Biopolitik oder eine Cyborgisierungsunternehmung, er betont vielmehr:

»Es gibt keine Maschinenmenschen; es gibt Maschinen und Menschen – wohl aber besteht ein tiefer Zusammenhang zwischen der Gleichzeitigkeit neuer Mittel und eines neuen Men-

---

41 E. Jünger: Der Arbeiter, S. 155 ff. Siehe dazu F. Strack (Hg.): Titan Technik; H. Kiesel: Ernst Jünger.
42 E. Jünger: Der Arbeiter, S. 156.

schentums. Um diesen Zusammenhang zu erfassen, muß man sich allerdings bemühen, durch die stählernen und menschlichen Masken hindurchzusehen, um die Gestalt, die Metaphysik, zu erraten, die sie bewegt.«[43]

Nur wenn man die nihilistische »Metaphysik« des Arbeiters durchschaut, versteht man nach Jünger Grund und Dynamik der Technisierungsprozesse. Dies hat auch Heidegger erkannt, der sich in seiner Technik- und überhaupt in seiner Moderne-Diagnostik von Jünger anregen ließ und die »totale Mobilmachung« als Folge der »ursprünglichen Seinsverlassenheit« bezeichnete.[44] Die Technik ist, so sagt es Heidegger, der bloße »Wille zum Willen«.[45] Diese Deutung legt zwar die Strukturen der Beherrschung um der bloßen Beherrschung willen frei, bei der die Technisierung nur ein Moment der Durchsetzung dieser Beherrschung darstellt. Doch anders als Heidegger plädiert Jünger für ein heroisches Aushalten – dies zum einem aus einem Nietzscheanischen Affekt, zum anderen aber, weil er mit der apokalyptischen Dimension der Technik eben auch die »Enthüllung« einer besseren Welt erwartet.[46]

Das Bemerkenswerte an diesen beiden völlig verschiedenen Konzeptionen ist, daß beide, Ortega und Jünger, versuchen, die Entstehung der modernen Technik als Realisierung eines bestimmten anthropologischen Typus zu verstehen. Beide erklären die Technisierung mit einer fundamentalen Änderung im menschlichen Selbstverständnis. Aufgabe einer kritischen Anthropologie ist also die Reflexion über Menschenbilder, insbe-

43 Ebd., S. 130.
44 M. Heidegger: Beiträge zur Philosophie, S. 141; siehe auch G. Figal: Erörterung des Nihilismus.
45 M. Heidegger: Überwindung der Metaphysik, S. 80.
46 H. Kiesel: Ernst Jünger, S. 393.

sondere, wenn sie Motor von Technisierungsprozessen sind oder sein könnten.

Die Maschine als Maß der Dinge

In der Selbstdeutung des Menschen nimmt die Technik einen immer wichtigeren Platz ein. Die Selbstsituierung des Menschen in der Welt neben oder unter Göttern und Dämonen oder im Verhältnis zu dem einen Gott und den Engeln oder im Vergleich zum Tier wird mit der Neuzeit immer mehr um ein Maßnehmen an der Maschine ergänzt.[47] Gerade da es keine fest umrissene menschliche Natur gibt, begreift sich der Mensch immer auch über das, was er nicht ist.[48] Die Maschine ist das Andere des Menschen, das aber von ihm selbst hergestellt wurde, und in der er entsprechend seinen eigenen Fähigkeiten – insbesondere das Denken – erkennt und gewissermaßen versucht, sich selbst in der Transparenz maschineller Abläufe nachzubilden – um dabei sich selbst besser zu verstehen. Die Faszination für menschenähnliche Automaten ist hierfür ein Indiz. Auch wenn wir uns des Unterschieds zu den Automaten bewußt sind, reizt uns doch der intellektuelle Schauer, daß wir selbst letztlich nichts als Maschinen sein könnten. Sehr komplexe Maschinen zwar, aber eben doch Maschinen. Der Selbstbeschreibung als Maschine hat bekanntlich Julien Offray de La Mettrie in seinem Buch *L'homme machine* klassischen Ausdruck verliehen.

Käte Meyer-Drawe hat in ihrem Buch *Menschen im Spiegel ihrer Maschinen* die verschiedenen Selbstdeutungsversuche des

47 Siehe dazu K. Meyer-Drawe: Menschen im Spiegel ihrer Maschinen.
48 H. Blumenberg: Anthropologische Annäherung an die Aktualität der Rhetorik, S. 134 f.

Menschen protokolliert, die in Abgrenzung oder in Anlehnung an Technologien unternommen wurden. Jede Epoche hat dabei ihre eigenen Technikmodelle. Um nur ein Beispiel zu zitieren: »Mit der Dampfmaschine betrat ein neues Modell die Bühne der Selbstdeutungen. Zahlreiche Karikaturen verspotteten ihre Omnipotenz und enthielten doch das Körnchen Wahrheit, daß sich hier ein selbst regelndes System aufmachte, den Menschen teilweise erst zu entlasten und dann zu ersetzen.«[49] Mit ihrer Fähigkeit, Energie zu speichern, mit ihren Rückkopplungsmöglichkeiten und Selbststeuerungsprozessen ersetzt die Dampfmaschine zunehmend die Uhrwerkmetaphern der Aufklärung. Meyer-Drawe zeigt zum Beispiel auch, daß die Dampfmaschine Vorbild für den psychischen Apparat bei Freud ist, etwa wenn dieser das Es als »Kessel voll brodelnder Erregungen« beschreibt.[50]

Die spätestens seit den neunziger Jahren festzustellende Inflation der Computermetaphern für das menschliche Gehirn – insbesondere die Festplatte als Modell für das Gedächtnis oder die Erinnerung – dienen der Selbstbeschreibung zum Zweck der alltäglichen Orientierung. Die omnipräsenten Bilder mit den eingefärbten Hirnrealen sind so interessant, weil sie das Gehirn über die bildgebenden Verfahren als ein maschinenkompatibles Organ darstellen: Wir sehen es gleichzeitig als Teil einer Apparatur und als Bild unseres Selbst.

Richard Sennett bezeichnet mit dem Begriff »Spiegelwerkzeug« Figurationen und Fiktionen, »die dazu einladen, über uns selbst nachzudenken«.[51] Er weist dabei auf »Replikanten« und »Roboter« hin, aber prinzipiell kann jeder Typus des »künstlichen

49 K. Meyer-Drawe: »Lebendige Rechenbanken« – »automatische Nachkommen«, S. 197.
50 Ebd.
51 R. Sennett: Handwerk, S. 118.

Menschen« oder menschenähnlicher Maschine als ein solches Spiegelwerkzeug fungieren, wie Dubiels oben genannte Dualität von Zombie und Frankensteins Monster bestätigt.

Die romantische Literatur hatte das antike Pygmalion-Motiv aufgegriffen und mit dem aufklärerischen Automaten-Thema verbunden. So ist bei E. T. A. Hoffmann die perfekte Frau ein Automat. Aus dieser faszination- und angsterregenden Vorstellung der ununterscheidbaren Ähnlichkeit von Mensch und Maschine entstehen einerseits die Perfektions- und Kontrollphantasien, wie sie etwa die tanzende Puppe in *Il Casanova di Federico Fellini* (1976) verkörpert (mit der der Frauenheld am Ende ins Bett geht), andererseits aber paranoide Vorstellungen, wie die durch einen äußerlich identischen, aber bösen Roboter ersetzte Maria in Fritz Langs *Metropolis* (1927); die hier durchgespielte Angst vor der Ersetzung eines vertrauten Menschen durch eine Maschine dient der anthropologischen Selbstvergewisserung: Was fehlt der Maschine zum Menschsein?

Neben der Selbstbeschreibung als Maschine und neben der Engführung menschlichen und maschinellen Seins in den Automaten gilt ein Großteil der literarischen und filmischen Reflexionen dem Ambiente, das durch Technisierungsprozesse entsteht. Viele Filme sind im Grunde künstlerische Anmerkungen und Kommentare zu Max Webers Formel vom »stahlharten Gehäuse« bzw. dem »stahlharten Gehäuse der Hörigkeit«, also zur Vorstellung einer durch Technisierung und Bürokratisierung durchorganisierten und damit entseelten Welt. Während Chaplin in *Modern Times* (1936) die Schwierigkeiten der menschlichen Anpassung an eine unerbittlich laufende Maschinerie und Jacques Tati in *Playtime* (1967) die Absurditäten einer funktionalistisch gedachten Lebensraumgestaltung bis in die technoide Geräuschkulisse hinein mit bitterem Humor thematisieren, ist es zu einem Topos von Science-fiction-Filmen geworden, die hochzivilisierten, einer transhumanistischen Norm entsprechenden Menschen in hygienischen und kühlen Räumen agieren zu lassen. Jene Räume stehen dabei für die seelische Befindlichkeit der »Protagonisten« der Technisierungsprozesse.

Einen Großteil der Hollywood-Produktionen zu diesem Thema kann man als ein Symptom für das menschliche Selbstvergewisserungsbedürfnis in einer technisierten Welt betrachten; insbesondere die auf den Romanen oder Erzählungen Philip K. Dicks beruhenden Filme wie *Blade Runner* (1982), *Total Recall* (1990), *Minority Report* (2002) oder *Paycheck* (2003) thematisieren über visionäre Extremkonzeptionen, wie Technisierungsprozesse die vertrauten humanen Identitätsvorstellungen unterminieren können.

5 Grenzen der Selbsttechnisierung

Technisierungsprozesse haben Auswirkungen auf unser Selbstsein, sie sind nicht abstrakt und anonym. Wir etablieren bestimmte Techniken im Umgang mit uns selbst, passen uns – etwa beim Autofahren oder am Fließband – mit unserem »leiblichen Gedächtnis« an Abläufe und Regeln technischer Geräte an. Wir nehmen uns selbst im Medium von Technisierungsprozessen wahr, etwa wenn wir technomorphe Metaphern verwenden, um über uns und unsere Lebenswelt zu reden. Und wenn wir durch den Einsatz von Medikamenten und Neurotechnologien unsere Persönlichkeit verändern und formen, dann greifen wir, so scheint es, direkt in unser Selbst ein. Doch wie lassen sich solche Eingriffe beschreiben? Können wir eine Grenze zwischen »guten« und »schlechten« Selbsttechnisierungen ziehen? Unter *Selbsttechnisierungen* verstehe ich dabei technologische oder medikamentöse Einwirkungen auf unser Selbst. *Selbsttechniken* dagegen können zwar auch Selbsttechnisierungen sein, doch sie umfassen darüber hinaus verschiedenste kulturelle Selbstformungsleistungen und sind insofern von Selbstpraktiken im Grunde nicht zu unterscheiden.[1] Unter Selbsttechniken werden dabei unter anderem auch Mnemotechniken, Ernährungsregeln und Disziplinübungen, der Umgang mit Rollenanforderungen im Berufsleben oder die Behandlung des eigenen Leibes verstanden. Dem letzten Aspekt widmete sich Michel Foucault in seinen Studien zu den »techniques de soi«, in denen er insbesondere den Umgang mit der Sexualität untersucht. Er spricht in diesem Zusammenhang auch von »téchne tou bíou«, also der »Kultur seiner selber« und

---

1 Siehe V. Gerhardt: Selbstbestimmung, S. 54.

der »Kunst der Existenz«.[2] Ortega y Gasset verwendete den Begriff der »Techniken der Seele« und interessierte sich für den Vergleich der »Techniken des Westens und des Ostens«,[3] wobei er zu den abendländischen Techniken auch die individuelle Anpassung an Technisierungsprozesse im engeren, technologisch-industriellen Sinn verstand. Das ist durchaus plausibel, schließlich kann man Selbsttechniken nicht immer isoliert von Technisierungsprozessen betrachten. Die Technisierung der Lebenswelt macht die Ausbildung bestimmter Selbsttechniken erforderlich, es findet eine »Selbstbegegnung im Vollzug der Maschinenbedienung«[4] statt. Die Kompetenzen, die man braucht, um einen Computer zu bedienen, und der Umgang mit der Akzeleration der Kommunikationsmedien im allgemeinen – mögliche Schwierigkeiten beschreibt Frank Schirrmacher vor dem Hintergrund der These, Multitasking stelle eine Form der Köperverletzung dar[5] – verlangen, daß wir unsere Aufmerksamkeit auf unser Selbst richten, um die neuen Anforderungen mit dem Vertrauten in Einklang zu bringen. Gemäß dem Modell Cassirers konstituieren wir unser Selbst in der Anwendung von Techniken. Insofern hat jede Technik, mit der wir umgehen, auch selbsttechnische Auswirkungen.

Schwieriger zu fassen ist der direkte biotechnologische Zugriff auf unseren Körper und auf unsere Persönlichkeit. Auf den ersten Blick scheinen sich solche Eingriffe von den herkömmlichen Selbsttechniken nicht zu unterscheiden, soll uns die Einnahme leistungssteigernder Medikamente doch bei der Kulturtechnik des Lernens helfen. Unter den von Peter Sloterdijk in Szene gesetzten

2 Siehe etwa M. Foucault: Sexualität und Wahrheit III, S. 60 ff.
3 J. Ortega y Gasset: Betrachtungen über die Technik, S. 69.
4 G. Anders: Die Antiquiertheit des Menschen I, S. 91.
5 F. Schirrmacher: Payback.

Begriff der »Anthropotechnik« fallen wiederum sowohl klassische Selbsttechniken wie Meditation, manipulative Techniken (die Sloterdijk im Zusammenhang mit Scientology diskutiert), aber auch die biotechnologische Arbeit am »neuen Menschen«.[6] Sloterdijk schlägt zur Beschreibung der Anthropotechniken den Begriff der Übung vor: »Als Übung definiere ich jede Operation, durch welche die Qualifikation des Handelnden zur nächsten Ausführung der gleichen Operation erhalten oder verbessert wird, sei sie als Übung deklariert oder nicht.«[7] Der Übungsbegriff ist ein Überbegriff für alle »kulturellen« (das heißt religiösen, sozialen, sportlichen, technischen, medizinischen oder ästhetisch-übermenschorientierten) Selbstformungen. So anregend und reich Sloterdijks Untersuchungen sind, kann er doch nur indirekt, mit den Mitteln einer Art immanenter Kritik, zeigen, welches Übungssystem von einer Gesellschaft akzeptiert wird und welches nicht. Im großen und ganzen scheint er sich von einer Ethik des Erhabenen leiten zu lassen, die sich vielleicht in der Formel »Technik zur Vermeidung des Kleinbürgerlichen« auf den Punkt bringen läßt.

Aber ist das schon alles? Es scheint doch ein fundamentaler Unterschied zu sein, ob wir durch Selbsttechniken bestimmte Talente ausbilden oder ob wir durch reproduktionsmedizinische Verfahren auf die Talente unserer künftigen Kinder Einfluß nehmen. Sind die gezielten neurotechnologischen »Verbesserungen« unserer Lebensführung, also das medikamentös induzierte Sichbesser-Fühlen, nicht einfach nur Varianten altbekannter Praktiken wie der Meditation – oder doch etwas kategorial anderes? Impliziert »Selbsttechnik« nicht das langfristige, beharrliche Ein-

---

6 P. Sloterdijk: Du mußt dein Leben ändern; P. Sloterdijk: Regeln für den Menschenpark.
7 P. Sloterdijk: Du mußt dein Leben ändern, S. 14.

üben einer Kompetenz im Umgang mit sich selbst? Ist hierbei die Idee, »auf Knopfdruck« etwas an sich zu »optimieren«, nicht trügerisch?

Es gilt in diesem Zusammenhang jedoch zu bedenken, daß nicht alle »natürlich« anmutenden Selbsttechniken völlig unproblematisch sind, im Gegenteil. Manche Selbstkasteiungsübung wird mehr Befremden auslösen als die Einnahme aufmerksamkeitssteigernder Medikamente vor einer wichtigen Prüfung. Da das Künstliche, Artifizielle und Technische immer Teil unseres Selbst ist, sind wir von jeher gezwungen, Technisches in unsere Lebensführung zu integrieren. Müßten sich da die Kriterien für die Grenzen von Selbsttechnisierungen nicht aus unserem Selbstsein ableiten lassen? Selbsttechniken sind schließlich immer eine Kompetenz im Umgang mit zur Verfügung stehenden Mitteln. Dabei muß das Leben als Ganzes in den Blick genommen werden, und zwar vor dem Hintergrund eines anthropologischen Erfahrungswissens um die Eigenart des menschlichen Strebens nach Selbstvervollkommnung und um die Unwägbarkeiten unserer Existenz. Erst wenn man auch diese Aspekte berücksichtigt, kann man angemessen über derartige »Optimierungen« reflektieren. Selbsttechnisierungen sind also nicht per se etwas Schlechtes, sie können zu einer Selbsttechnik werden. Erst wenn sie unser Selbstsein unterminieren, sind sie ethisch problematisch. Aber wo beginnt diese Unterminierung? Gibt es so etwas wie ein »wahres« oder »echtes« Selbst, an dem wir uns orientieren können? Haben die Technologien hierauf überhaupt Auswirkungen? Können Selbsttechnisierungen unser praktisches Selbstverhältnis stören?

In diesem Zusammenhang ist der Kreuzungspunkt von Individualität und »System« von besonderem Interesse: Auch wenn Technisierungsprozesse die Welt, in der wir leben, fundamental prägen und uns Weisen der Lebensgestaltung vorgeben, determinieren sie uns nicht. Trotzdem ist der in der Debatte gern vertretene Vulgärliberalismus falsch: Daß jeder ja für sich entscheiden könne, welche Selbsttechnisierungen sie oder er verwendet, und daß niemand solche Technisierungen in Anspruch nehmen müsse, wenn sie oder er nicht wolle, klingt nur vorderhand überzeugend. Denn weil die Technik Standards setzt, gilt es immer, auch die durch sie induzierte Änderung des Handlungsspektrums in entsprechende Überlegungen mit einzubeziehen. Individuelle Entscheidungen kann man hier nie isoliert von technischen und gesellschaftlichen Rahmenbedingungen erörtern.

In einem Artikel über In-vitro-Fertilisation (IVF) zitiert die *Süddeutsche Zeitung* einen Gynäkologen, der in seinen 25 Berufsjahren als Reproduktionsmediziner einen bemerkenswerten Wandel im Umgang mit diesen Techniken festgestellt hat: Während viele Paare sich in der Zeit unmittelbar nach der Einführung von Techniken wie IVF Anfang der achtziger Jahre noch Gedanken über ethische Fragen und die Angst, Grenzen zu überschreiten, gemacht hätten, ginge es der »Technologie-Generation« von heute fast ausschließlich um die Qualität des Service.[8] Es werde sogar, so der Fortpflanzungsmediziner Jeffrey Steinberg in einem Interview in der *Zeit*, »zum Life-Style, die Familie geschlechtlich auszubalancieren«.[9] Wenn Technisierungsprozesse zur Gestaltung des Lifestyle beitragen, verändern sie offenbar auch das emotionale Klima unserer Entscheidungen. Daß wir Dienstleistungsangebote wahrnehmen können, beschreibt nur einen Aspekt des Freiheitsbegriffs. Die Anpassung des eigenen Handlungsspektrums an neue technische Standards kann unsere Freiheit auch einschränken.

8 H. Graupner: Die Träume der Genforscher, S. 9.
9 Die Zeit (22. Februar 2007).

Wenn Jaspers sagt, das Selbst könne nie »Bestand« werden,[10] dann impliziert das auch eine normative Dimension: Das Selbst *soll* nie Bestand werden. Also muß es im folgenden darum gehen, eine »Hermeneutik des Selbst«[11] zu entwickeln, mit der eine aufmerksame Selbstauslegung vor dem Hintergrund von Technisierungsprozessen im allgemeinen und von Selbsttechnisierungen im besonderen möglich ist. Denn, so Thomas Rentsch: »*Wir* sind die Subjekte der Auslegung unserer Grundsituation, und die Auslegungsaufgabe können wir weder an eine – irgendwo bereitstehende – formale Semantik noch an empirische Disziplinen abtreten.«[12]

Eine klassische Selbstdeutungskategorie, die man hier produktiv machen könnte, ist die der Entfremdung. Doch sind Entfremdungsdiagnosen nicht immer Ausdruck eines romantischen Rousseauismus? Zeugen sie nicht von der naiven Sehnsucht nach einer heilen Welt oder einer noch nicht von der Zivilisation verdorbenen »Natur des Menschen«? Daß man das Konzept auch ohne Rekurs auf solch essentialistische Vorstellungen durchaus sinnvoll verwenden kann, hat Rahel Jaeggi in ihrer Studie zu diesem Thema gezeigt.[13] Der Begriff der Entfremdung sensibilisiert für Erfahrungen der Ohnmacht, Fragmentierung, Verarmung, des Sinnverlusts und der Unsicherheit. Philosophen und Soziologen wie Rousseau, Hegel, Marx, Kierkegaard, Weber, Simmel, Lukács und Heidegger haben auf verschiedene Weise solche Erfahrungen beschrieben und sie explizit zum Charakteristikum des modernen Menschen erklärt. Daher betont Jaeggi, man könne die

---

10 K. Jaspers: Philosophie II, S. 5; siehe dazu G. Gamm: Unbestimmtheitsstrukturen der Technik, S. 34.

11 P. Ricœur: Wege der Anerkennung, S. 121.

12 Th. Rentsch: Die Konstitution der Moralität. S. 63.

13 R. Jaeggi: Entfremdung.

klassisch-aristotelische Frage nach dem guten Leben heute nur noch vor dem Hintergrund einer Entfremdungstheorie formulieren:

> »[...] Entfremdungskritik ist immer schon verbunden mit der Frage danach, ›wie wir leben wollen‹. ›Negativistisch‹ im Ansatz thematisiert der Entfremdungsbegriff dabei nicht nur, was uns daran hindert, gut zu leben, sondern vor allem auch, was uns daran hindert, die Frage danach, wie wir leben wollen, auch nur angemessen zu stellen.«[14]

Entfremdung ist für Jaeggi also ein diagnostischer Begriff, der zugleich normativ und deskriptiv zu verstehen ist, als »ein Deutungsmuster, mithilfe dessen wir bestimmte Phänomene in der Welt gleichzeitig erschließen, interpretieren und beurteilen«.[15] Das Problem bleibt: Wo ist der Richtwert? Brauchen wir nicht doch eine genaue Vorstellung eines wahren und authentischen Selbst? Oder eine Idee davon, wie eine intakte Welt aussehen könnte? Jaeggi lehnt strenge anthropologische Begründungsversuche ab:

> »Wie soll man die menschliche Natur bestimmen, wenn doch zu gelten scheint, daß es zur Natur des Menschen gehört, außerordentlich veränderbar und formbar zu sein? Und wie soll man in bezug auf menschliche Lebensformen diejenigen hervorheben, die der ›Natur des Menschen‹ wirklich entsprechen, wenn es doch zunächst als Faktum gelten muß, daß auch die als entfremdet kritisierten Lebensformen auf irgendeine Weise von Menschen entwickelt und befördert worden sind und von ihnen gelebt werden?«[16]

Auch wenn sie eine relativ enge Vorstellung hinsichtlich der

14 Ebd., S. 14.
15 Ebd., S. 44.
16 Ebd., S. 49.

Bedeutung philosophisch-anthropologischer Überlegungen hat, zeigt Jaeggi plausibel, daß und wie das Konzept für die Beschreibung von Selbstverhältnissen fruchtbar gemacht werden kann:

> »Der Entfremdungsbegriff thematisiert, so verstanden, die komplexen Bedingungen dieses ›Mit-sich-in-Verbindung-Bringens‹, ›Sich-zuschreiben-Könnens‹ oder ›Sich-zu-Eigen-Machens‹ der eigenen Handlungen, Wünsche (oder genereller: des eigenen Lebens) und die vielfältigen Obstruktionen und Störquellen, die diese Verhältnisse betreffen können. Man ist nicht immer schon ›bei sich‹, Handlungen und Wünsche sind nicht selbstverständlich immer schon die ›eigenen‹, und das Verhältnis zur umgebenden natürlichen wie sozialen Welt ist gleichermaßen konstitutiv wie bedroht.«[17]

Entfremdung bezeichnet ein Sich-selbst-fremd-Werden, die Unmöglichkeit, bestimmte Ereignisse, Gefühle, Erinnerungen und Widerfahrnisse als eigene Erfahrungen zu interpretieren und ins Selbst zu integrieren. Während das *Sich-fremd-Werden* ein elementarer Aspekt der Selbsterfahrung und der Auseinandersetzung mit der eigenen und mit anderen Kulturen ist, bezeichnet die *Entfremdung* eine dauerhafte Identitätskrise.

Im folgenden sollen vor diesem Hintergrund einige Grenzen von Selbsttechnisierungen benannt werden. Die Kategorie der Entfremdung dient dabei im Sinne Jaeggis als Deutungsmuster, nicht als kulturkritischer Indikator für eine Verfallsdiagnose. Auch Bernhard Waldenfels sieht mit ähnlicher Intention in der Technik eine mögliche Quelle der Fremdheit[18] und diagnostiziert ein »Leiden an der Technik«.[19] Die Entfremdung als die Erfahrung des Nicht-über-sich-verfügen-Könnens und das Erlebnis

17 Ebd., S. 54.
18 B. Waldenfels: Bruchlinien der Erfahrung, S. 456.
19 Ebd., S. 459.

der Verfügbarmachung des Selbst durch Technik, wie sie etwa Dubiel darstellt, bedürfen einer genauen Beschreibung.

Natürlich empfinden Menschen in unterschiedlichen historischen Epochen ganz unterschiedliche Dinge als entfremdend. Während die Dampflokomotive, dieses geradezu physisch spürbare Symbol der Technisierung, im 19. Jahrhundert Ängste und kulturkritisches Raunen auslöste, gilt sie uns heute als Relikt eines leider vergangenen Zeitalters, und selbst der ICE gehört längst zum eher harmlosen Inventar unserer technisierten Welt. Daß eine alte Frau nun mal kein D-Zug sei, hört man jedenfalls immer seltener.

Die technischen Entfremdungserfahrungen werden im folgenden unter den Titeln Selbstinstrumentalisierung, Selbstverdinglichung und Selbstcyborgisierung untersucht. Diese drei Formen sind nicht strikt voneinander zu trennen, sondern gehen ineinander über. Dabei soll ausdrücklich nicht der Einsatz von Techniken zur direkten Beherrschung oder Manipulation anderer zum Thema gemacht werden. Das Thema der Fremdtechnisierung und die Unverfügbarkeit des anderen ist hier mitzudenken, verlangte aber ein eigenes Buch.

Selbstinstrumentalisierung

1. Gestörte Zweck-Mittel-Balance

Der Umgang mit sich selbst ist wesentlich durch die Wahl der Mittel gekennzeichnet, die man benötigt, um einen Zweck zu erreichen. Wer Geigespielen lernen will, muß dafür die richtigen Mittel einsetzen, sie oder er braucht einen verständigen Lehrer und muß die dem Stand des Könnens angemessenen Etüden beherrschen. Wer eine Prüfung bestehen will, setzt auf das Mittel des systematischen Lernens, holt sich vielleicht psychologischen Rat, um mit der Aufregung umzugehen. Selbsttechniken umfassen auch die Kompetenz des Umgangs mit Mitteln und mit uns selbst als Mittel unserer selbst. Diese instrumentell-pragmatische Rationalität gehört ganz grundlegend zu den menschlichen Fähigkeiten.

Ganz allgemein bedeutet technische Rationalität klassischerweise die Fähigkeit, die »richtigen« Mittel für einen Zweck zu finden. Auch wenn sich seit Max Weber der Begriff der Zweckrationalität eingebürgert hat, wäre doch ein Begriff wie »Mittelrationalität« treffender, denn Zweckrationalität scheint auch eine Reflexion auf die zu verfolgenden Zwecke zu implizieren, während die technische Rationalität, genaugenommen, dadurch charakterisiert ist, daß es dabei darum geht, die entsprechenden Mittel zur Realisierung eines Zweckes zu finden, ohne ihn selbst bestimmen oder seine Güte prüfen zu müssen (was Kant mit seinem »Imperativ der Geschicklichkeit« beschreibt). Erst hinsichtlich der doppelten Kompetenz, der Einsicht in die Zwecke und des Wissens um die richtigen Mittel, kann man davon sprechen (um Kants Formel für das »Organische« aufzugreifen und normativ für praktische und technische Selbstverhältnisse fruchtbar zu machen), daß in derartigen Selbsttechniken optimalerweise »alles Zweck und wechselseitig auch Mittel ist«.[20]

Eine Selbstinstrumentalisierung liegt dann vor, wenn diese Zweck-Mittel-Balance nicht mehr besteht. Man kann sich zur Erreichung eines Ziels derart auf die Perfektionierung der Mittel konzentrieren, daß das Zweckhafte des Vollzugs verlorengeht. Dies kann dann der Fall sein, wenn man sich das Ziel nicht ganz

20 I. Kant: Kritik der Urteilskraft, S. 376.

zu eigen gemacht hat, etwa bei Prüfungen oder im Falle des Sprößlings, den die Eltern als ein Wunderkind betrachten und der unter den strengen elterlichen Augen gequält seine Fingerübungen
machen oder seine schulischen Leistungen mit pharmakologischer Unterstützung verbessern soll. Michael Sandel hat daher
das »hyper-parenting« als eines der zentralen Probleme des Enhancement bezeichnet.[21] Selbsttechniken können also entfremdend sein, wenn sie den Blick für die Ziele des Handelns verstellen, wenn wir etwa ihre reine Funktionsweise, das Kriterium des
»guten Funktionierens«, mit echten Zielen verwechseln. Als Beispiele für Selbstinstrumentalisierungen als Folge von Technisierungsprozessen können die Figuren in Falk Richters Theaterstück
Electronic City dienen, die in ihren Jobs viel fliegen müssen und
die die Flexibilität des Fliegenkönnens derart in ihre Lebensgestaltung integriert haben, daß sie selbst zu bloßen Mitteln im
internationalen Jet-set zu werden scheinen. Allein schon in der
Weise des sprachlichen Selbstbezuges instrumentalisieren sie sich
als flexible Menschen im Sennettschen Sinn. Gleichzeitig wird
in diesem Stück das scheinbar Individuelle im Umgang mit der
Technik als das gesichtslos Allgemeine entlarvt.

Technisierungsprozesse können aber auch zu Selbsttechnisierungen führen, wenn eine Technologie direkt zur Selbsteinwirkung eingesetzt wird. Ein Beispiel dafür findet sich in der Musikgeschichte: Robert Schumann ruinierte sich mit einer selbstgebauten Dehnvorrichtung zur Steigerung der Beweglichkeit einen
Finger und mußte infolgedessen seine Pianistenkarriere aufgeben. Ähnliche Formen der Selbstinstrumentalisierung, wenn auch
nicht immer mit solch fatalen Folgen, liegen bei den Enhancement-Willigen vor. Der zentrale Aspekt ist hier nicht das augen-

21 M. J. Sandel: Plädoyer gegen die Perfektion, S. 65 ff.

fällig Selbstschädigende, dessen Vermeidung selbstverständlich sein sollte, sondern die Änderung des praktischen Selbstverhältnisses.

Die bereitstehenden Mittel zur Selbsttechnisierung können zu Handlungen oder Handlungsoptionen führen, in denen der Zweck des Handelns verlorengeht, wenn die Bereitstellung der Mittel die Reflexion über die Zwecke ersetzt. Für Galimberti ist die Umkehrung des Zweck-Mittel-Verhältnisses die zentrale Entfremdungs- und Verkehrungsstruktur der Technik.[22] Mittel können den Charakter von Zwecken bekommen, wenn letztere nur noch um der Erweiterung oder Verbesserung ersterer willen eingesetzt und entwickelt werden. Das Mittel wird gewissermaßen zu einem Zweck, wenn der Zweck der Technik nur noch Mittelgenerierung bedeutet – eine Überlegung, die an Georg Simmels Entfremdungsdiagnose vom »Übergewicht der Mittel über die Zwecke« erinnert.[23]

Die Selbstinstrumentalisierung kann nicht nur zur Destabilisierung und Umkehrung des Zweck-Mittel-Verhältnisses führen, sondern auch zu einer Selbstabwertung anderer Art, die Jean-Paul Sartre in den *Entwürfen für eine Moralphilosophie* mit der ihm eigenen Schärfe beschrieben hat. Dort spricht er vom »Mittelmensch« (»l'homme moyen«), ein Begriff, in dem die Fixierung auf die Mittel und das Mittelmäßige zusammengedacht sind. Der Mittelmensch

»verliert sich absichtlich im Unendlichen der Mittel, um dem Zweck nicht ins Gesicht zu sehen. Der Zweck bleibt implizit […]. [D]er Mittelmensch ist pedantisch, weil er den *Vorbereitungen* eine vorrangige Bedeutung einräumt. Wenn er malt, ist das Wesentliche die Wahl des Pinsels […] Der Mittel-

22 U. Galimberti: Psiche e techne, S. 37.
23 G. Simmel: Philosophie des Geldes, S. 672 ff.

mensch ist ein *statistischer* Mensch. Er lehnt das Schicksal ab. Damit sieht er die Welt als *Mittel*.«[24]

Die Mittel-Pedanterie ist also eine Form der Selbstinstrumentalisierung. Varianten dieser Art der Pedanterie wären das Sichverlieren in bloß faktenorientierten Kenntnissen über Enhancement-Präparate und ihre Wirkungen sowie die Konzentration auf die bestmögliche Bereitstellung der Medikamente während der Prüfungsvorbereitung. In solchen Fällen kann das Ziel der Handlung aus den Augen geraten.

Selbstinstrumentalisierung liegt also nicht einfach dann vor, wenn man sich selbst als Mittel sieht – denn das tut man unweigerlich, die Mittel garantieren die Realisierung der Zwecke –, sondern wenn die Mittelrationalität eskaliert und Störungen in der Zweck-Mittel-Balance provoziert, die sowohl die Verkehrung des Zweck-Mittel-Verhältnisses als auch das Verlieren im »Unendlichen der Mittel« zur Folge haben kann. Dabei ist nicht nur der Verlust des Wissens um die »richtigen« Zwecke das Problem, sondern auch der Verlust des Wissens um die Angemessenheit der Mittel im Selbstumgang, der Verlust der Kriterien für die Wahl der Mittel. In der für Technisierungsprozesse typischen Generierung einer Mittel-Logik können die Techniken und Geräte schließlich ihren Charakter als »bloße Mittel« verlieren: Sie sind dann mehr als Mittel, sie sind, wie Anders unterstreicht, »Vorentscheidungen«.[25] Die Mittel zur Selbstoptimierung stehen der individuellen und gesellschaftlichen Praxis nicht einfach zur freien Verfügung, sondern sie fungieren bereits als eine Vorentscheidung für etwaige Handlungsoptionen.

24 J.-P. Sartre: Entwürfe für eine Moralphilosophie, S. 49 f.
25 G. Anders: Die Antiquiertheit des Menschen I, S. 2.

2. Verarmung der Selbstbezugnahme

Die genannten Arten der Instrumentalisierung ändern das praktische Selbstverhältnis. Cassirer hat nachdrücklich darauf hingewiesen, daß das Umschlagen von Selbstbefreiung in Selbstversklavung das zentrale Problem der Technik sei – eine Überlegung, die man auch auf die Einschätzung von Selbsttechniken und -technisierungen übertragen kann. Die Frage nach Wert und Unwert der Technik, schreibt er,

> »kann nicht dadurch entschieden werden, daß man ›Nutzen‹ und ›Nachteil‹ der Technik erwägt und gegeneinander aufrechnet – daß man die Glücksgüter, mit denen sie die Menschheit beschenkt, dem Idyll eines vortechnischen ›Naturzustandes‹ entgegenhält und sie, in dieser Abwägung, zu leicht befindet. Hier geht es nicht um Lust oder Unlust, um Glück oder Leid, sondern um Freiheit oder Unfreiheit. Findet sich, daß das Wachstum technischen Könnens und technischer Güter notwendig und wesentlich ein immer stärkeres Maß an Gebundenheit in sich schließt, daß es die Menschheit, statt ein Vehikel zu ihrer Selbstbefreiung zu sein, mehr und mehr in Zwang und Sklaverei verstrickt: so ist der Stab über die Technik gebrochen.«[26]

Wenn Cassirer sich im Rahmen seines Versuchs, eine ethische Grenze für Technisierungsprozesse zu formulieren, vor allem für den Umschlagpunkt von Freiheit in Unfreiheit interessiert, dann positioniert er sich damit auch gegen eine utilitaristische Folgenabschätzung. Nach Cassirer reicht es nämlich nicht aus, »den verderblichen Wirkungen des rational-technischen Geistes, die offen zutage liegen, andere erfreuliche und wohltuende Folgen

26 E. Cassirer: Form und Technik, S. 173.

gegenüberzustellen und aus dieser Gegenüberstellung eine erträgliche oder günstige Bilanz zu ziehen, eine bestimmte ›Lustsumme‹ zu errechnen«.[27]

Nicht die Lustsumme, sondern die Freiheit ist das Kriterium zur Bewertung der Technik. Der Begriff der Freiheit ist ein weites Feld, das hier nicht bestellt werden kann. Mit dem essayistischen Recht auf Pointierung soll hier der Fokus auf einen lebenspraktischen Freiheitsbegriff gerichtet werden, der als eine Ergänzung zum strengen Begriff der Willensfreiheit verstanden werden kann, aber nicht in Konkurrenz zu ihm tritt. Er soll vielmehr die Freiheit des praktischen Selbstverhältnisses thematisieren. Das heißt: Es geht, um an Søren Kierkegaard anzuschließen, darum, das Selbst als ein Zu-sich-selbst-Verhalten zu beschreiben und in diesem Selbstverhältnis Momente von Freiheit und Unfreiheit zu suchen. Zwei solche Momente spielen in diesem Kontext eine zentrale Rolle.

Erstens: Wenn man naheliegenderweise den Umschlagpunkt von der Selbstbefreiung durch Technik in eine Form der Selbstinstrumentalisierung als Verringerung von Handlungsoptionen beschreiben kann, dann kann auch die Verringerung der Möglichkeiten der Selbstbezugnahme ein Kriterium für Unfreiheit sein: Denn wenn die Art und Weise des Selbstverhältnisses so festgelegt wird, daß Alternativen oder Erfahrungsdimensionen verlorengehen, dann kann man dies Selbstinstrumentalisierung nennen. Wenn durch technische Standardisierungsvorgänge – wenn sich etwa aufmerksamkeitssteigernde Medikamente an Schulen oder Universitäten durchsetzen würden – Alternativen des Selbstbezugs marginalisiert werden, dann unterläuft die Technik die Freiheit, die sie eigentlich garantieren sollte.

27 Ebd., S. 165.

Zweitens: Eine weitere Form der Selbstinstrumentalisierung liegt in dem, was man »vorauseilenden technologischen Gehorsam« nennen könnte. Das Rockefeller-Argument – man müsse realistisch sein, da die Studenten ohnehin bereits Psychopharmaka zur Leistungssteigerung konsumierten und diese Entwicklung nicht aufzuhalten sei – ist eine Variante des Technodeterminismus. Der der Evolutionstheorie nachgeformte Technodeterminismus (die Vorstellung, wir könnten gegen die Implementierungen neuer Techniken in unsere Lebenswelt nichts ausrichten, weil sich jede technische Möglichkeit sowieso realisieren würde) kann problematisch sein, weil er für alternative Handlungsmöglichkeiten desensibilisiert. Das Sich-zu-eigen-Machen des Technodeterminismus ist insofern eine Form der Selbstinstrumentalisierung. Auch wenn kein direkter äußerlicher Zwang auf die Selbst-Enhancer ausgeübt wird (einmal davon abgesehen, daß Leistungsdruck und Gruppendynamik durchaus als äußerer Zwang fungieren können), kann die Kapitulation angesichts des Technodeterminismus (also die Integration der Vorstellung, nichts ausrichten zu können, in das eigene Selbstkonzept) zu einem inneren Zwang werden, der individuelle Entscheidungen festlegt.

Vor dem Hintergrund dieser Selbstinstrumentalisierungsmomente lohnt es sich, noch einmal an Cassirer anzuschließen, der betont, es komme auf die Funktion an, die die Technik als Teil der menschlichen Kultur und entsprechend als ein Aspekt der kulturellen Selbsterfahrung des Menschen und damit des praktischen Selbstverhältnisses hat. Die Technik kann aufgrund ihrer beschriebenen Strukturmomente andere kulturelle Erfahrungs- und Entfaltungsräume des Menschen dominieren. Ihr Problem liegt dann darin, daß sie alternative kulturelle Formen nicht mehr gedeihen läßt: »Sie beharrt nicht nur auf ihrer eigenen Norm, sondern sie droht diese Norm absolut zu setzen und sie anderen Gebieten aufzuzwingen.«[28]

Eine Sensibilisierung für diese annexionistische Dimension der Technik kann nach Cassirer mit einer Reflexion über die »Bestimmung« des Menschen erreicht werden. Cassirer verdeutlicht dies mit Schillers Essay über die »Ästhetische Erziehung des Menschen in einer Reihe von Briefen«, einem Text, den er ausdrücklich als Grundtext der modernen philosophischen Anthropologie liest. Schiller schlägt nach einer Entfremdungsdiagnose bekanntlich die Trias von Form-, Stoff- und Spieltrieb als ein anthropologisches Modell vor, in dem das freie Spiel der Kräfte die Balance im Selbstverhältnis und damit eine freie Entfaltung garantiert. Technisierungsprozesse können eine solche Freiheit des Selbstverhältnisses, die sich im Organisch-Spielerischen des Selbstbezuges manifestiert, unterlaufen.

Cassirer ergänzt diese Überlegungen, indem er die Freiheit der individuellen Entfaltung an eine Kultur der Freiheit knüpft. Die Kultur hat bei Cassirer grundsätzlich ihre Legitimation als Nährboden für die Selbstbefreiung des Menschen.[29] Technisierungsprozesse tragen dann zur Selbstinstrumentalisierung von Personen bei, wenn sie das kulturelle Klima so dominieren, daß eine partielle Rationalität universalisiert wird. Inwiefern die Selbstinstrumentalisierung auch von der Kultur abhängt, in der sich Individuen bewegen, kann folgendes Beispiel aus der Wirtschaftswelt verdeutlichen: Ulrich Bröckling hat in seiner Studie über das »unternehmerische Selbst« untersucht, wie Selbsttechniken zu Selbstmanagementtechniken werden können, wie sich der Umgang mit sich selbst an Strategien der Unternehmensführung und an betriebswirtschaftlichem Vokabular orientiert. So

28 Ebd., S. 173.
29 E. Cassirer: An Essay on Man, S. 244.

findet er in der Ratgeberliteratur imperativische Untertitel wie »Werden Sie zum Unternehmer ihres Lebens« oder »Machen Sie aus sich die Ich AG«.[30] Insbesondere die Kreativität soll durch allerhand Techniken und »Innovationsgymnastiken« gefördert werden, was zu ausgesprochen paradoxalen Situationen führt: »Kreativitätstrainings standardisieren den Bruch mit Standardlösungen. Sie normieren die Normabweichung und lehren, sich nicht auf Gelerntes zu verlassen.«[31] Nach Bröckling ist die Kreativitätsförderung aber nicht selten mit einer Drohung verbunden: »Seien Sie besonders ... oder Sie werden ausgesondert!«[32]

Die Unfreiheit des Selbstverhältnisses bemißt sich also nicht nur an direktem äußerem Zwang – eine solche Ansicht würde das Potential medialer Einflüsse und Manipulationstechniken unterschätzen –,[33] sondern auch an der Änderung des Selbstverhältnisses aufgrund des kulturellen Klimas. Dieses Phänomen kann man auch an den Selbstoptimierern beobachten: Die Verquickung des Entschlusses, entsprechende Medikamente einzunehmen, mit den leistungsgesellschaftlichen Anforderungen, den Gruppenzwängen und den Verlockungen des pharmazeutischen Angebots weckt Zweifel an der Freiheit solcher Entscheidungen. Auch die diesen Selbsttechnisierungen zugrundeliegenden »faustischen« Selbstoptimierungsdynamiken können eben zu einer Internalisierung dieser Dynamiken führen – mit der Konsequenz, daß Menschen sich selbst in den Dienst dieser Prozesse stellen.

Natürlich kann man in Menschen nicht hineinschauen und daher nicht pauschal jede Einnahme von Prozac (dem vielleicht bekanntesten »stimmungsaufhellenden« Medikament) und Rita-

---

30 U. Bröckling: Das unternehmerische Selbst, S. 66.
31 Ebd., S. 175.
32 Ebd., S. 179.
33 Siehe dazu B. Stiegler: Die Logik der Sorge.

lin (das vorzugsweise für die Konzentrationssteigerung verwendet wird) als Selbstinstrumentalisierung bezeichnen. Doch muß man die Gefahr sehen, daß die in Anschlag gebrachte Freiheit nur eine scheinbare sein könnte. Auch wenn Anhänger des hemdsärmligen Freiheitsbegriffs, den etwa die Experten von der Rockefeller University vertreten, die schwer zu beschreibenden Selbstinstrumentalisierungen der Studenten als unbeweisbar vom Tisch fegen mögen: Man muß die Frage stellen, wo hier die Beweislast liegt.

Um Änderungen des praktischen Selbstverhältnisses wahrnehmen zu können, ist es hilfreich, Selbstbeschreibungen der Konsumenten solcher Medikamente zu analysieren. Carl Elliott hat in bezug auf die Fallbeispiele aus Peter Kramers *Listening to Prozac*[34] zu Recht herausgearbeitet, daß die betreffenden Personen in vielen Fällen an den Idealvorstellungen einer Leistungsgesellschaft, am »Amerikanischen Traum« Maß nehmen.[35] Wenn die psychopharmakologischen Optimierungsmaßnahmen als »tools of self-discovery« oder »tools of self-fulfilment« erscheinen mögen,[36] dann jedoch meist in der Hinsicht, daß die Personen »ganz sie selbst« sind, wenn sie Erfolge erzielen und sich stark fühlen. Dies sind zwar durchaus respektable Ziele, die viele Menschen teilen, die die Gemeinschaft bereichern und die zur Selbsterfüllung beitragen können, doch kann damit auch eine Verarmung der Selbstwahrnehmung einhergehen und eine Reduzierung der Perspektiven auf das eigene Leben. Das gilt insbesondere dann, wenn die medikamentöse Selbstverbesserung als eine Folge gesellschaftlich induzierter Optimierungsanforderungen entlarvt wird.

Alain Ehrenberg hat in seinem Buch *Das erschöpfte Selbst* ge-

34 P. D. Kramer: Listening to Prozac.
35 C. Elliott: Better than well.
36 Ebd., S. 30. Siehe dazu F. Krämer: Neuro-Enhancement von Emotionen, S. 191 ff.

zeigt, wie sich anhand des gewandelten Depressionsbegriffs auch Änderungen der leitenden Selbstbilder in einer Gesellschaft einstellen können:

> »Die Depression zeigt uns die aktuelle Erfahrung der Person, denn sie ist die Krankheit einer Gesellschaft, deren Verhaltensnorm nicht mehr auf Schuld und Disziplin gründet, sondern auf Verantwortung und Initiative. Gestern verlangten die sozialen Regeln Konformismen im Denken, wenn nicht Automatismen im Verhalten; heute fordern sie Initiative und mentale Fähigkeiten. Die Depression ist eher eine Krankheit der Unzulänglichkeit als ein schuldhaftes Fehlverhalten, sie gehört mehr ins Reich der Dysfunktion als in das des Gesetzes: Der Depressive ist ein Mensch mit einem Defekt.«[37]

Mit dem Blick vom Extrem der Krankheit auf das anthropologisch und sozial »Normale« kann Ehrenbergs Diagnose für die Erklärung der Selbstoptimierungstendenz fruchtbar gemacht werden. Denn das Bedürfnis nach Selbstoptimierung ist weniger Ausdruck selbstschöpferischer Stärke, sondern vielmehr eine Reaktion auf die Angst, unzulänglich zu sein, oder die Befürchtung, »nicht richtig zu funktionieren«. Wenn bei den Optimierungsabsichten eine solche Motivlage vorliegt, kann man in der Tat von biotechnologischer Selbstinstrumentalisierung sprechen.

Selbstverdinglichung

Neben den beschriebenen Selbstinstrumentalisierungen kann es Entfremdungserscheinungen weiterführender Art geben, wenn die individuelle Lebensführung an die Perfektion und die Funk-

---

37 A. Ehrenberg: Das erschöpfte Selbst, S. 9.

tionsweise technischer Abläufe angepaßt wird. In diesem Sinne hat Nietzsche, wie oben erwähnt, den Ausdruck »Maschinen-Tugend« geprägt.[38] So kann etwa auch die Anpassung an das Akzelerierungsparadigma zur eindimensionalen Linearisierung der Lebensgestaltung führen. Die Selbstwahrnehmung als ein funktionierendes Rädchen in einem anonymen Apparat kann Erfahrungsdimensionen verschließen. Selbstentfremdungserfahrungen solcher Art kann man im Anschluß an die Tradition – etwa an Hannah Arendt – Selbstverdinglichung nennen, ein Phänomen, das Emanuele Severino in geradezu verschwörungstheoretischer Verdichtung als eine Art Gehirnwäsche beschrieben hat.[39]

Wie die Technik zu solchen Selbstverdinglichungen führen kann, hat Günther Anders in der *Antiquiertheit des Menschen* mit phänomenologischer Schärfe untersucht. Die Technikdiagnostik von Anders ist in einem besonderen Stil verfaßt; er selbst nennt sein Schreiben und Denken eine »hybride *Kreuzung von Metaphysik und Journalismus*« und versteht darunter ein Philosophieren, »das die heutige Situation bzw. charakteristische Stücke unserer heutigen Welt zum Gegenstande hat«.[40] So geht es ihm um die Beschreibung der »Menschsituation«[41] in der modernen technischen Zivilisation und um eine »*philosophische Anthropologie im Zeitalter der Technokratie*«.[42] Dabei läßt er sich – so faßt er es im Vorwort zur fünften Auflage der *Antiquiertheit des Menschen* zusammen – von drei Hauptthesen leiten. *Erstens*: Wir sind der Perfektion unserer Produkte nicht gewachsen. *Zweitens*: Wir können mehr herstellen, als wir überblicken und verantworten kön-

---

38 F. Nietzsche: Nachgelassene Fragmente 1885-87, S. 459 f.

39 E. Severino: Vom Wesen des Nihilismus, S. 18.

40 G. Anders: Die Antiquiertheit des Menschen I, S. 8. Siehe zu Anders grundsätzlich H. Hildebrandt: Weltzustand Technik.

41 G. Anders: Die Antiquiertheit des Menschen I, S. VII.

42 G. Anders: Die Antiquiertheit des Menschen II, S. 9.

nen. *Drittens*: Wir glauben, daß wir das, was wir können, auch tun dürfen. Anders hat versucht, Formen zur Beschreibung von Selbsttechnisierungen zu finden, die zum Teil drastisch sind, die aber gerade deshalb ein Instrumentarium zur Verfügung stellen, das für feine Risse im Selbstverständnis sensibilisiert. Liest man Anders nicht als apokalypsediagnostischen Technikkritiker, sondern versteht seine Begriffe und Analysen als eine Art Vergrößerungsglas, dann kann man damit auch die subtilen Änderungen unseres Selbstseins durch Technisierungsprozesse wahrnehmen.

Anders hält die Selbstverdinglichung für eine Art masochistische, von Menschen gemachte, die *conditio humana* ebenso charakterisierende »höhere Gewalt« wie Not, Krankheit, Alter und Tod.[43] Um seinen Verdinglichungsbegriff zu konturieren, unterscheidet er mehrere Stufen in der Geschichte dieses Konzepts. Nach der klassisch-kulturkritischen Stufe, etwa bei Simmel oder auch Arendt, will Anders eine zweite Stufe erkennen, in der der Mensch die Überlegenheit der Dinge anerkennt und sich mit ihnen gleichschaltet. Auf dieser zweiten Stufe bejaht der Mensch ausdrücklich seine eigene Verdinglichung bzw. verwirft sein Nicht-Verdinglichtsein als ein »Manko«.[44] Als dritte Stufe bezeichnet Anders die Situation, in der der Mensch sich das Verdinglichtsein so zu eigen gemacht hat, daß er »eingeschüchtert durch die Überlegenheit und durch die Übermacht der Produkte«, wie er es ausdrückt, »*in deren Lager desertiert*«.[45] Der Mensch schämt sich, »geworden, statt gemacht zu sein«.[46] Anders diagnostiziert daher eine »Selbsterniedrigung vor dem Selbstge-

43 G. Anders: Die Antiquiertheit des Menschen I, S. 48.
44 Ebd., S. 30.
45 Ebd.
46 Ebd., S. 24.

machten«.[47] Das Gefühl der »prometheischen Scham«, das Gefühl der Unzulänglichkeit im Vergleich zur Perfektion der selbst hergestellten Produkte, wird zu einer Selbstentwürdigung gegenüber dem Selbstgemachten: »Vertauschung von creator und creatum‹ bedeutet hier daher, daß er die Ehre, die er seinen Dingen erweist, eigentlich sich selbst schuldet und allein sich selbst.«[48]

Selbstverdinglichend sind Technisierungsprozesse, wenn der Mensch nur noch als ein »Gerät für Geräte« betrachtet wird, und wenn er sich selbst als ein solches betrachtet – als Gerät, das möglicherweise eine Fehlkonstruktion sein könnte.[49] Der Mensch folgt einer »imitatio instrumentorum« – oben habe ich schon auf die Interferenz von Technik und Theologie hingewiesen – und führt die Selbstverwandlung den Geräten zuliebe durch.[50] Die Technik gibt die Norm vor, an die wir uns anzupassen haben. Anders formuliert dies in Abwandlung von Marx' Feuerbach-These: Es genügt nicht, den Leib zu interpretieren, man muß ihn auch verändern: »Und zwar täglich neu; und für jedes Gerät anders.«[51] Die Technik und die sich aus ihr ableitenden Ansprüche an den Menschen überfordern ihn, machen ihn »antiquiert« im Vergleich zu seinen Maschinen. Der heutige Prometheus ist nur noch der »Hofzwerg des eigenen Maschinenparks«,[52] er empfindet sein Selbstsein als Makel.[53]

Im zweiten Band der *Antiquiertheit des Menschen* beschreibt Anders die Implikationen der Technisierungsprozesse in Anspielung auf Kants »kopernikanische Drehung« als eine »tayloristi-

47 Ebd., S. 30.
48 Ebd., S. 25.
49 Ebd., S. 32.
50 Ebd., S. 47.
51 Ebd., S. 38.
52 Ebd., S. 25.
53 Ebd., S. 75.

sche Drehung« (Frederick Winslow Taylor hatte Anfang des 20. Jahrhunderts die wissenschaftlichen Grundlagen für die Steigerung der betrieblichen Arbeitseffizienz gelegt). Die Technik steht für eine ebenso grundlegende Änderung des Welt- und Selbstbezugs, vergleichbar mit der Transzendentalphilosophie:

> »Jeder, der einmal an einer Maschine gearbeitet hat, wird die Beobachtung gemacht haben, daß er diese erst dann als ›seine‹ betrachtet hat, wenn seine von ihrem Gange erforderten Handgriffe eingegleist waren und automatisch vor sich gingen – wenn *er* also *ihre* war. Erst dadurch, daß wir uns an die Geräte adaptieren (nein, selbst diese Formulierung unterstellt noch zuviel Spontaneität), erst dadurch, daß *die Geräte uns an sich adaptieren*, kommt diejenige ›adaequatio‹, nämlich ›producti et hominis‹, zustande, die es uns dann nachträglich erlaubt zu glauben, daß unsere Welt ›unsere‹, daß sie Ausdruck von uns heutigen Menschen sei.«[54]

In seiner Variation der mittelalterlichen Wahrheitsformel »adaequatio rei et intellectus« ist für Anders die Übereinstimmung von Mensch und Maschine das zeitgemäße Wahrheitskriterium. Die tayloristische Drehung bezeichnet dann entsprechend die Orientierung des eigenen Selbstverständnisses an der Funktionsweise der Technik. Eine derartige Form der Verdinglichung liegt etwa auch bei der Selbstanpassung an die als »optimierend« eingeschätzte Funktion von Technologien und Medikamenten als Modell für die Bewältigung der Zumutungen der *conditio humana* vor. Die Ausrichtung der Lebensführung am Immer-besser-Werden technischer Produkte kann dazu führen, daß wir gewissermaßen permanent neue biotechnologische Updates von uns selbst erstellen.

---

54 G. Anders: Die Antiquiertheit des Menschen II, S. 424.

Im Zentrum von Anders' Überlegungen steht die Scham. An ihr kann er die Identitätsstörung deutlich machen, die er als eine Folge von Technisierungsprozessen betrachtet. Die prometheische Scham bezeichnet das Verhältnis der Perfektion der Technik zum als imperfekt empfundenen eigenen Selbst. Scham ist ein reflexives Verhältnis: Man verhält sich im Modus der Scham zu sich selbst, man begegnet sich als durch Angleichung an technische Normvorgaben optimierbar, man begegnet sich selbst, klassisch ausgedrückt, als zugleich identisch und nicht-identisch. Der Sich-Schämende wird mit der widerspruchsvollen Selbstbegegnung nicht fertig. Die Folge ist nach Anders Desorientiertheit, eine Störung der eigenen Identität.[55]

Wenn man nun mit Jaeggi die Entfremdungsdiagnostik als ein Deutungsmuster nimmt, mit der wir bestimmte Phänomene erschließen und beurteilen, kann man auch Anders' Selbstverdinglichungsdiagnose als Möglichkeit verstehen, Technisierungsphänomene zu beschreiben, ohne dabei auf eine festumrissene »Natur des Menschen« rekurrieren zu müssen. Auch Barbara Merker interpretiert die Selbstverdinglichung als einen defizienten Modus der Selbsterkenntnis, mithin des Umgangs mit sich selbst.[56] Anders stellt ein phänomenologisches Vokabular bereit, um Selbstverdinglichungsformen überhaupt beschreiben zu können. Damit sind dann »Selbsterlebensbeschreibungen«, um eine Wendung von Jean Paul zu nehmen, im eigentlichen Sinne erst möglich. Eine Selbstbeschreibung ohne ein differenziertes Vokabular bleibt notgedrungen auf dem Niveau des »Newspeak« aus George Orwells Roman *1984*.

Juli Zeh hat in ihrem Theaterstück *Corpus Delicti*, das auch in Romanform erschienen ist, die medizinische Selbstverdingli-

55 G. Anders: Die Antiquiertheit des Menschen I, S. 65 f.
56 B. Merker: Selbsttäuschung und Selbsterkenntnis, S. 74 ff.

chung untersucht.[57] Die Hauptfigur Mia Holl lebt in einer unbestimmten Zukunft, in einer Gesundheitsdiktatur, die neben der medizintechnologischen Vorsorge und Körperkontrolle auch eine »METHODE« des Selbstumgangs etabliert, die sich aus der Logik der Technisierungsprozesse ergibt: Die Einhaltung der Hygienevorschriften und die Überwachung des täglichen Fitneßprogramms sind die Konsequenzen des Paradigmas der berechenbaren Kontrolle körperlicher Prozesse und der damit zusammenhängenden Idee der Herstellbarkeit von Gesundheit. Mia Holl lebt zunächst als Musterbürgerin, kommt aber nach einem Schauprozeß gegen ihren renitenten Bruder und nach dessen Suizid in Konflikt mit dem Staat. Das Verständnis des eigenen Leibes vor dem Hintergrund eines kollektiven Normalkörpers und nach Maßgabe der bloßen Körperphysiologie unterbindet das technisch nicht ersetzbare »Denken des Leibes«.[58]

Juli Zeh beschreibt, wie sich Mia Holl sowohl an der Norm der METHODE orientiert als auch am nonkonformen Lebensstil ihres Bruders. Die Erinnerungen an ihren Bruder verhindern jene Selbstverdinglichung, der viele andere Figuren unterliegen – auch wenn sie davon frei zu sein scheinen und, wie Mias Gegenspieler Heinrich Kramer, sogar eine aktive vordenkerisch-propagandistische Funktion haben. Kramer stellt sich als Journalist ausdrücklich in den Dienst der METHODE – und das erinnert an Adornos *Minima Moralia*, in denen Adorno die Passage aus Lukács' *Geschichte und Klassenbewußtsein* zitiert, in der Lukács die Anpassungsfähigkeit des Journalisten als ein Beispiel der

57 J. Zeh: Corpus Delicti.
58 B. Waldenfels: Das leibliche Selbst, S. 13. Siehe zur Bedeutung des Leibes auch Th. Fuchs: Leib – Raum – Person; G. Böhme: Leibsein als Aufgabe; G. Böhme: Ethik leiblicher Existenz.

Selbstverdinglichung erläutert.[59] Adorno bringt die Selbstverdinglichung folgendermaßen auf den Punkt: »Das Ich nimmt den ganzen Menschen als seine Apparatur bewußt in den Dienst. Bei dieser Umorganisation gibt das Ich als Betriebsleiter so viel von sich an das Ich als Betriebsmittel ab, daß es ganz abstrakt, bloßer Bezugspunkt wird: Selbsterhaltung verliert ihr Selbst.«[60]

Wenn Juli Zeh in diesem Sinne zeigt, wie Technisierungsprozesse internalisiert werden, steht sie in einer langen dystopischen Tradition, kommentiert dabei aber auch die aktuelle Bioethik, die bereits heute gegen Verdinglichungserscheinungen nicht gefeit ist: »Ich entziehe einer Philosophie das Vertrauen, die vorgibt, daß die Auseinandersetzung mit existentiellen Problemen beendet sei. Ich entziehe einer Moral das Vertrauen, die zu faul ist, sich dem Paradoxon von Gut und Böse zu stellen und sich lieber an ›funktioniert‹ oder ›funktioniert nicht‹ hält.«[61]

Die Veränderungen des eigenen Leibes, die sich aus der Verschmelzung von Gehirn und Neurotechnologien ergeben könnten, sind noch nicht abzusehen. Verändern sie das Bild von unserem Körper und damit unsere Selbstwahrnehmung? Verändert sich durch Neuroimplantate die charakteristische kognitive Nische des Menschen – und wenn ja, was heißt das für unsere Erkenntnisfähigkeit? Hier angemessene Beschreibungen zu finden, ist nicht nur ein Desiderat für die Ethik, sondern auch für die Phänomenologie selbst.[62] Eine der leibphänomenologischen Konsequenzen von Technisierungsprozessen ist, daß wir den eigenen Leib mit mechanistischen Metaphoriken verdinglichen. Wenn

---

59 Th. W. Adorno: Minima Moralia, S. 307 ff. Siehe dazu auch A. Honneth: Verdinglichung, S. 78 ff.
60 Th. W. Adorno: Minima Moralia, S. 309.
61 J. Zeh: Corpus Delicti, S. 186.
62 B. Waldenfels: Das leibliche Selbst, S. 13.

wir uns als Körpermaschinen verstehen, kann dies eine reichere Sprache der Selbstbeschreibung unterbinden. Der Verlust des Reichtums an Selbstbeschreibungen ist ein Indiz für die Selbstverdinglichung als eine Desensibilisierung im Selbstumgang. Leitend kann hier die Mahnung Horkheimers und Adornos sein: »Der Körper ist nicht wieder zurückzuverwandeln in den Leib.«[63]

Hans Freyer wies bereits in seinem Aufsatz »Über das Dominantwerden technischer Kategorien in der Lebenswelt der industriellen Gesellschaft« aus dem Jahr 1960 darauf hin, daß technische Vorstellungen in den Bedeutungsgehalt von Worten und Wendungen eindringen, die ursprünglich nichts mit Technik zu tun haben, und daß die spezielle Terminologie der Technik in vielfältiger Form außertechnische Wortfelder erfaßt.[64] Dabei verweist er, auch wenn er sich dann eher für die Kategorie der »Fortschrittlichkeit« der Technik interessiert, auf einige alltägliche Wendungen wie »stark belastet sein«, »eine Einstellung haben«, »sich in einem Leerlauf befinden«, »etwas ankurbeln«, »etwas auslösen«.

Solche Wendungen mögen im Einzelfall harmlos sein, doch sie können auf ein bestimmtes Selbstverhältnis hindeuten, etwa wenn das Gefühl der Dysfunktionalität betont wird (»ich bin überlastet«, »ich funktioniere nicht mehr gut«). Es ist kein Zufall, daß sich sowohl Helmut Dubiel als auch der Student, der sich für das Studentenmagazin *Zeit-Campus* einem Selbstversuch mit aufmerksamkeitssteigernden Medikamenten unterzog,[65] in Computer- oder Maschinenmetaphoriken über das verständigen, was mit ihnen neurotechnologisch bzw. unter dem Einfluß bestimm-

---

63 M. Horkheimer, Th. W. Adorno: Dialektik der Aufklärung, S. 248.
64 H. Freyer: Über das Dominantwerden technischer Kategorien in der Lebenswelt der industriellen Gesellschaft.
65 Anonym: Ich bin ein Zombie, ich lerne wie eine Maschine.

ter Substanzen passiert (»das Gehirn wie einen Computer hochfahren«, »lernen wie eine Maschine«, »funktionieren wie ein Roboter«). Wenn Menschen schreiben, ihr Selbst oder Teile dieses Selbst funktionierten wie eine Maschine, dann gehen sie auf Distanz zu sich, dann formulieren sie eine Bruchlinie der Selbsterfahrung.

Hirnleistungen mechanistisch zu erklären hat eine lange Tradition,[66] doch kann dies zu handfesten epistemologischen Problemen führen, wenn die technomorphe Rede über das Gehirn nicht mehr nur der vereinfachenden Veranschaulichung dient, sondern zur anthropologischen Konzeption wird. Thomas Fuchs hat in seinem phänomenologisch-ökologischen Ansatz einige dieser Fehlschlüsse entlarvt.[67] Die aus dem wissenschaftlichen Diskurs in die gesellschaftliche Diskussion einsickernden methodischen Reduktionismen werden nicht selten in anthropologische Reduktionismen transformiert. Das ist beispielsweise der Fall, wenn sich ungenaue Formulierungen wie »das Gehirn denkt« verbreiten, schließlich implizieren diese einen Neuro-Essentialismus, der durchaus den Weg bereiten kann für ein öffentliches Räsonnieren über eine Strafrechtsreform, in deren Rahmen »kriminelle Gehirne« identifiziert werden sollen, um die Täter schon vor der Tat in Gewahrsam zu nehmen.[68]

Zurück zur individuellen Erfahrung der Verdinglichung: Einen traditionellen Ausweg aus den Verdinglichungszusammenhängen bietet das Konzept der Authentizität, das im Kontext der Neurotechnologien neue Brisanz gewinnt. Dabei umreißen die Fragen, ob sich das hergestellte Gefühl genauso anfühlt wie das

---

66 C. Borck: Hirnströme.
67 Th. Fuchs: Ökologie des Gehirns; Th. Fuchs: Das Gehirn – ein Beziehungsorgan.
68 Siehe dazu C. Gayer: Raus aus dem Richter-, rein in den Neuro-Staat!

echte oder ob es überhaupt »richtig« ist, Gefühle »herzustellen«, noch nicht das ganze Problem der Emotionen im Zeitalter ihrer technischen (Re-)Produzierbarkeit (einmal davon abgesehen, daß die pharmakologisch induzierte Liebe von Tristan und Isolde weithin nicht nur als intensiv, sondern auch als echt angesehen wird). Es muß auch gefragt werden: Ändert sich das praktische Selbstverhältnis einer Person, wenn sie das Bewußtsein, Gefühle oder kognitive Zustände »herstellen« zu können, in ihre Lebensplanung integrieren muß? Was bedeutet es, wenn jemand das gezielte Herstellen-Können von Gefühlen und kognitiven Zuständen als Moment des Selbstumgangs akzeptiert? Verändert sich dann sein Bild von sich selbst? Nimmt er oder sie sich dann (zumindest teilweise) als »verdinglichbar« wahr? In der Diskussion um die Neurotechnologien muß es auch um den von den Technologien induzierten »Jargon der Machbarkeit« im Umgang mit sich selbst und anderen gehen.[69] Nicht allein die Frage, ob dieses oder jenes neurotechnologisch »hergestellte« Gefühl »echt« ist oder nicht, ist hier entscheidend, sondern auch die, ob man die pharmakologische Herstellbarkeit von Gefühlen als plausible Form des Selbstumgangs akzeptiert oder nicht.

Adorno hatte zwar den Eindruck, der Begriff der Authentizität sei nur noch eine »abgetragene Montur« mit »schadhaften« Stellen.[70] Doch vielleicht kann man nach dem Modell einer negativen Anthropologie, die die »Erschließung des Humanen aus seiner Verleugnung und Abwesenheit«[71] thematisiert, eine »negative Theorie der Authentizität« entwickeln, die das Aufgesetzte, das irgendwie Forcierte oder Unaufrichtige (also etwa das, was Sartre

---

69 Stefan Heidenreich in der Süddeutschen Zeitung vom 7. Januar 2009 in einer Besprechung eines Buches von Olaf Breidbach.

70 Th. W. Adorno: Minima Moralia, S. 202.

71 U. Sonnemann: Negative Anthropologie.

als »mauvaise foi«[72] beschreibt) zu ihrem Gegenstand hat. So kann über das Nicht-Authentische das Authentische erschlossen werden. Dies allerdings nicht in Form sicheren Wissens um das »Eigentliche«, sondern in einem unabschließbaren Projekt der Selbstbefragung.

Heideggers ontologisch formulierte Einsicht, der Mensch als »Dasein« sei dasjenige Seiende, dem es in seinem Sein um dieses Sein selbst geht,[73] wurde von Blumenberg in dessen *Beschreibung des Menschen* anthropologisch gewendet: »Der Mensch ist das Wesen, das sich, so wie es sich mißlingen kann, als mißlungen zu empfinden vermag.«[74] Die Vorstellung, man hätte ein anderer sein können, sei eine Quelle der Selbstentfremdung. Daher können, so Blumenberg lakonisch, »Lebenskonzepte und Daseinsentwürfe [...] der Realität der Voraussetzungen zu ihrer Verwirklichung widerstreiten«.[75] Entfremdungserfahrungen sind konstitutiv für das Menschsein, doch verlangen sie nach einem authentizitätsorientierten Korrektiv, nach einem Versuch, sich entsprechende Erfahrungen zu eigen zu machen. Es geht um Selbsterkenntnis aus der Suchbewegung im Sich-selbst-fremd-werden-Können. Für diese Form der Selbsterkenntnis muß man keinesfalls dem mythischen Trugschluß aufsitzen, es gebe so etwas wie ein reines Selbst.[76] Eine pragmatische Anthropologie trägt dem möglichen Mißlingen des Selbstbezugs, dem Scheitern des Selbstentwurfs und der menschentypischen Fragilität des Selbstseins Rechnung. Sie steht daher dem Angebot der biotechnologischen Optimierer, Authentizität »herstellen« zu können, kritisch gegenüber.

72 J.-P. Sartre: Das Sein und das Nichts, S. 119 ff.
73 M. Heidegger: Sein und Zeit, S. 12.
74 H. Blumenberg: Beschreibung des Menschen, S. 681 f.
75 Ebd.
76 Th. W. Adorno: Minima Moralia, S. 203.

Adorno würde vermutlich auch hier die »Wurlitzer-Orgel des Geistes« hören:

> »Wie die Wurlitzer-Orgel das Vibrato, musikalisch einst Träger subjektiven Ausdrucks, für Reklamezwecke vermenschlicht, indem es mechanisch in den mechanisch hervorgebrachten Ton nachträglich eingelegt wird, so liefert der Jargon den Menschen Schnittmuster des Menschseins, das ihnen die unfreie Arbeit ausgetrieben hat, wenn anders Spuren davon einmal verwirklicht gewesen sein sollten.«[77]

Selbstcyborgisierung

Wenn zum mentalen Maßnehmen an der Technik eine große Anzahl in den Menschen inkorporierter technischer Elemente hinzukommt, spricht man von Cyborgisierung. Der Cyborg ist wie der Homo faber eine anthropologische Reflexionsfigur. Er fungiert als eine Chiffre, deren Entzifferung Einblicke in mögliche und unmögliche, wünschenswerte und problematische Technisierungen unseres Selbst verschafft. Die Konfrontation mit dem Cyborg als dem uns gleichermaßen Fremden wie Vertrauten führt uns die Tiefenstrukturen unserer Bedürfnisse vor Augen. Diese Chiffre steht dabei in der Tradition von Freuds »Prothesengott«, geht aber über diesen hinaus: »Der Mensch ist«, schreibt Freud in *Das Unbehagen in der Kultur*, »sozusagen eine Art Prothesengott geworden, recht großartig, wenn er alle seine Hilfsorgane anlegt, aber sie sind nicht mit ihm verwachsen und machen ihm gelegentlich viel zu schaffen.«[78] Das Ziel der Cyborgisierung ist gerade, daß die Prothesen mit dem Menschen so verwachsen,

77 Th. W. Adorno: Jargon der Eigentlichkeit.
78 S. Freud: Das Unbehagen in der Kultur, S. 57.

daß eine neuartige Entität entsteht, die man nicht mehr einfach »Mensch mit technischen Applikationen und Implantaten«, sondern »Cyborg« nennt – oder nennen kann, denn über die genaue definitorische Unterscheidung von Mensch und Cyborg gibt es keine Einigkeit. Mit letzterem verbinden sich insofern allerhand ontologische Probleme.[79]

Bevor der Neologismus »Cyborg« von Manfred E. Clynes und Nathan S. Kline, einem Computerexperten und einem Arzt, kreiert wurde, schrieb Norbert Wiener vom »cybernetic organism« – von einem Mensch-Maschine-Hybrid, der unter anderem aus kriegstechnischen und verteidigungsstrategischen Überlegungen entstanden sei.[80] Als dann Clynes und Kline 1960 in der Zeitschrift *Astronautics* den Begriff einführten, ging es ihnen darum, mittels dieses Konzepts die mögliche Anpassung des Menschen an den Weltraum zu diskutieren. Charakteristisch für ihre Vision dieses an die Lebensbedingungen im All optimal angepaßten Wesens sind unter anderem ein künstlicher Verdauungsapparat und eine ständige psychopharmakologische Kontrolle des seelischen Gleichgewichts – schließlich war mit langen Reisen durch totenstille Räume zu rechnen. Vor diesem Hintergrund vertrat auch Stanisław Lem eine strenge Definition des Cyborgs. Lem stellte sich die Steuerung der bisher willkürlichen Funktionen des Körpers durch »osmotische Pumpen« vor, die bei Bedarf Nährstoffe, Medikamente und Hormone ausschütten sollten, außerdem sollte der Cyborg der »Autohibernation« fähig sein.[81] Auch Lem macht die Abschaffung des Verdauungssystems zum Zen-

---

79 J.-C. Heilinger, O. Müller: Der Cyborg und die Frage nach dem Menschen; O. Müller, F. Pauly: Ecce Cyborg.

80 Siehe dazu B. Orland: Wo hören Körper auf und fängt Technik an?, S. 16 ff.

81 S. Lem: Summa technologiae, S. 583 ff.

trum seiner Ideen zur Cyborgisierung – ein Vorgang, der gewissermaßen von tiefenanthropologischem Interesse ist, denn hier spielen Hygienephantasien und Reinheitsvorstellungen eine Rolle, denn durch die Selbstcyborgisierung soll das »Schmutzige« des eigenen Leibes überwunden werden. Der Impuls zur Selbstperfektionierung entstammt insofern der Scham vor der Imperfektibilität des eigenen Körpers.

Die NASA hatte den Begriff zunächst dankbar aufgenommen und die Studie *Engineering Man for Space: The Cyborg Study* in Auftrag gegeben, die sich vor allem auf die Entwicklung künstlicher Organe und auf Psychopharmaka konzentrierte.[82] Kurz darauf distanzierte sich die NASA jedoch wieder von dem Begriff, vermutlich weil sich hinter der astronautischen Aufrüstung des Menschen schon die posthumanistische Dimension des Cyborgs abzeichnete, die den Verantwortlichen unheimlich war. Die Thematisierung der Figur in Science-fiction-Filmen wie *Robocop* oder *Terminator* (der, genaugenommen, kein Cyborg ist, sondern eine intelligente Maschine, die Menschengestalt annehmen kann), die das »moderne technisierte Individuum gleichsam zu Ende« dachten,[83] gibt dieser Ahnung wohl recht.

Nach diesen eher maskulin konnotierten Phantasien hat Donna Haraway in ihrem *Cyborg Manifesto* die Chiffre benutzt, um Geschlechterdifferenzen vor der Folie der Aufhebung der Grenze zwischen menschlichem Körper und Maschine kritisch zu reflektieren und den Cyber-Feminismus zu begründen.[84] Auf diese Phase der visionären Verwendung des Begriffs folgte die Tendenz, die Figur zu normalisieren, das heißt zu betonen, daß der heutige Mensch bereits ein Cyborg sei. Einer der Vertreter dieser

---

82 B. Orland: Wo hören Körper auf und fängt Technik an?, S. 17.
83 Ebd., S. 18.
84 D. Haraway: Ein Manifest für Cyborgs.

These ist Andy Clark, der ein Buch mit dem programmatischen Titel *Natural-Born Cyborgs* geschrieben hat.[85] In der aktuellen neuroethischen Reflexion über Selbsttechnisierungen taucht die Figur nichtsdestotrotz immer wieder als ein Grenzbegriff auf. Dabei geht es darum, den Cyborg als eine anthropologisch-ontologische und damit meist ethische Grenze von Selbsttechnisierungen zu beschreiben: Mit dem Begriff soll oft ein »Zuviel« an Technologie im menschlichen Körper markiert werden.

Doch der Versuch, hier eine Grenze zu ziehen, führt zu ontologischen Schwierigkeiten, die man mit Hilfe des antiken Sorites-Paradoxons erklären kann.[86] Dabei handelt es sich um folgendes Gedankenspiel: Man hat 10000 Körner, von denen man sagen kann, daß sie einen Haufen (gr. *sorites*) bilden. Nimmt man nun ein Korn weg, wird man immer noch sagen, es handle sich um einen Haufen. Fährt man immer weiter so fort, bleiben irgendwann nur zwei Körner übrig, die man nicht länger als Haufen bezeichnen kann. Hat man den Übergang vom Haufen zu einzelnen Körnern verpaßt? Gibt es eine klare Grenze? Oder ist es wie bei der Dämmerung, jener Grauzone zwischen Tag und Nacht? Diese logischen Schwierigkeiten stellen sich auch beim Cyborg, wenn wir fragen: Ab wieviel implantierter Technologie oder ab welcher Qualität der Technologie wird aus einem Mensch ein Cyborg? Ist schon der Träger eines Herzschrittmachers ein Cyborg? Oder erst ein neurotechnologisch rundum optimierter menschlicher Organismus? Ist allein die schiere Menge an Technik ausschlaggebend oder auch die Qualität – das heißt: Macht es einen Unterschied, ob die Technologie zur Erhaltung des Lebens eingesetzt wird oder zur mentalen »Selbststeuerung«?

85 A. Clark: Natural-Born Cyborgs.
86 J.-C. Heilinger, O. Müller: Der Cyborg und die Frage nach dem Menschen, S. 24 ff.

Für welche Definition man sich auch entscheidet, das Wichtige ist hier, daß der Cyborg als eine anthropologische Reflexionsfiguration fungiert, mit deren Hilfe man in der Lage ist, über Selbsttechnisierungsprozesse zu kommunizieren. Im Nachdenken über den Cyborg als technisiertem Alter ego können wir uns über technologische Möglichkeiten, über Zukunftsvisionen und Horrorszenarien der Selbsttechnisierung verständigen. Der Cyborg hat insofern eine ethische Orientierungsfunktion. In den filmischen und literarischen Cyborg-Imaginationen, aber auch in den neuroethischen Versuchen, den Cyborg zu definieren, entdecken wir mögliche Weisen unseres Selbstseins, die sich nicht immer ohne weiteres auf den Begriff bringen lassen. Der Cyborg gibt uns dabei nicht nur über den möglichen Grad von Selbsttechnisierungen Auskunft, sondern auch über unsere Bedürfnisse und über die Hoffnungen, die wir in die Technik setzen. Vor dem Hintergrund der Cyborg-Chiffre können wir uns selbst befragen, wozu uns die Technik überhaupt dienen soll. Ist es die Faszination der Selbstkontrolle? Liegen hier vielleicht doch ein paar kleine Herrschaftsphantasien verborgen? Verbinden wir mit dem Cyborg den besseren, den lange ersehnten »neuen Menschen«? Welcher Art sollte dann dieser neue Mensch sein? Was versprechen wir uns von ihm?

Läßt man sich nicht von der Fremdheit und Schreckgespenst-haftigkeit manches Cyborg im Kino bannen, sondern übersetzt man das Geschehen auf der Leinwand in anthropologische Grundfragen, dann kann die Auseinandersetzung mit dieser Figur dazu beitragen, daß wir etwas über uns selbst erfahren. Für welche unserer Schwächen soll die Selbsttechnisierung die Lösung sein? An was für einem Menschenbild nehmen wir in unserer Selbstverbesserungsabsicht Maß?

Darüber hinaus kann der Cyborg als anthropologische Chiffre

zur humanen Selbstdeutung beitragen, denn zur Selbstauslegung des Menschen gehört, ich habe darauf im Zusammenhang mit der Maschine als Maß der Dinge bereits hingewiesen, daß er sich über das begreift, was er (noch) nicht ist. Wenn es traditionell Gott, die Engel oder das Tier waren, gegenüber denen der Mensch seine charakteristischen Eigenschaften erkennen, sein Selbstbewußtsein gewinnen oder seine Selbsterniedrigung erfahren konnte, so ist es mit dem Cyborg die Maschine. In der Maschine als dem ganz Anderen, das aber in seiner komplexen Perfektion immer als ein Vorbild erscheint, und im Cyborg als dem fremden Eigenen findet der Mensch Möglichkeiten der Selbstdefinition. Er versteht das Eigene über das ihm Fremde. Der Mensch wird aus seiner eigenen Zukunft heraus sein Wesen zu bestimmen suchen. Im Hintergrund steht hier eine Anthropologie, die die Selbstdeutung als konstitutiv für das Menschsein versteht und die gerade die Selbstverständigung über Symbole und Metaphern zu ihrem Gegenstand macht. Insofern ist auch der Cyborg nicht nur ein Begriff, sondern er fungiert in seinen bildhaften und narrativen Aspekten auch als eine »Daseinsmetapher«.[87]

Ortega y Gasset konnte noch schreiben: »Die Technik ist das Gegenteil der Anpassung des Menschen an seinen Wirkungsbereich, weil sie nämlich die Anpassung des Wirkungskreises an den Menschen ist.«[88] Doch genau dies gilt für den Cyborg nicht mehr: Er steht für die Anpassung des Menschen an die Bedingungen der technischen Welt. Diesen Anpassungsvorgang hat Anders in folgende Maxime gefaßt: »Handle so, daß die Maxime deines Handelns die des Apparats, dessen Teil du bist oder sein

---

87 Siehe zum Begriff »Daseinsmetapher« H. Blumenberg: Schiffbruch mit Zuschauer.

88 J. Ortega y Gasset: Betrachtungen über die Technik, S. 15.

wirst, sein könnte.«[89] Ausgehend von Anders' Verdinglichungs-
befund, nach dem wir uns unserer Natürlichkeit angesichts der
Standards technischer Perfektion schämen, passen wir unseren
Leib und unser Bewußtsein immer mehr dem Kalkül und der
Effizienz der Technik an. Wir cyborgisieren uns also im Grunde
den Geräten zuliebe. Indem wir unsere Bedürfnisse den Angeboten oder Erfordernissen der Maschinenwelt und ihren Gerät-
schaften anpassen, wird das Technische immer mehr zum privile-
gierten Zugang zu uns selbst.

Während der Homo faber für die Totalisierung einer partiellen
Rationalität und den damit zusammenhängenden Erfahrungsschwund steht, können wir mit dem Cyborg über Grade der
Selbsttechnisierung und über die anthropologischen Bedürfnisse, Wünsche und Ängste, die mit Technisierung verbunden sind,
reflektieren. Während der Homo faber, zurückgeworfen auf die
postlapsarische Mühsal, die Welt behausbar zu machen, entwe-
der als eifriger Assistent oder als anmaßender Konkurrent Gottes
wahrgenommen wird, verbinden sich mit dem Cyborg zwei andere Extreme: Er kann christologisch-soteriologische oder dämo-
nische Züge haben.

89 G. Anders: Die Antiquiertheit des Menschen II, S. 290.

Schluß: Das obskure Objekt der Optimierung

Nicht nur das Nachdenken über den Cyborg, auch das Nachdenken über die Reflexionsfigur des Homo faber, in der sich die antithetische Struktur der Technisierungsprozesse prismatisch bricht, wurde hier als ein Nachdenken über den Menschen, als eine humane Selbstauslegungsbewegung begriffen. Dies diente dem Zweck, die möglichen Änderungen praktischer Selbstverhältnisse durch Selbsttechnisierungen aufzuzeichnen. Damit kann auch zu einer ethischen Selbstverständigung beigetragen werden. Eine Ethik hat zweifelsohne auch mit den empirisch meßbaren Folgen von Technologien zu tun. Doch das sollte hier nicht Thema sein. Um solchen Fragen nachzugehen, bedarf es einer Ethik, die möglichst genau hinsieht und ein Vokabular zur Verfügung hat, um das Eigentümliche der Technisierungsprozesse beschreiben und die möglichen Bruchlinien der Selbsterfahrung durch Selbsttechnisierungen aufzeigen zu können. Bevor ich mich abschließend wieder den Neurotechnologien und den mit ihnen verbundenen Selbstoptimierungsabsichten zuwende, will ich drei Punkte benennen, die nicht nur eine Herausforderung für die Selbstsituierung in der technischen Zivilisation darstellen, sondern auch entscheidende Ausgangspunkte für die ethische Orientierung hinsichtlich der Technisierungsprozesse markieren können.

Ab wann wollen wir mit der Technik etwas erreichen, was eigentlich nur mit außertechnischen Mitteln zu erreichen ist? Die Ausweitung des Verfügbarkeitsrahmens kann dazu führen, daß uns im Hinblick auf die Technik ein Kategorienfehler unterläuft, etwa wenn die medikamentöse Induzierung emotionaler Zustände mit dem Begriff des Glücklichseins verbunden wird. Hannah Arendt hatte das »Glückskalkül«[1] das Problem des Homo faber genannt. Die Selbstausrichtung an der reinen Funktionalität der Technik kann elementare Einsichten verdecken. Wissen wir überhaupt noch, für welchen konkreten Zweck wir eine Technologie produzieren oder anwenden? Unterlegen wir den Technisierungsprozessen eine teleologische Struktur, um von der Ziellosigkeit unseres Daseins abzulenken?

Ab wann kann man von einer Identifizierung des Gekonnten mit dem Gesollten sprechen? Auf diesen Aspekt hatte Anders hingewiesen:[2] Es scheint, als ergebe sich aus der Dynamik der Technisierung eine Norm, nach der das, was technisch möglich ist, nicht nur umgesetzt wird, sondern auch umgesetzt werden soll. Damit liegt eine Variante des Humeschen Gesetzes vor, das den ungerechtfertigten Schluß vom Sein auf ein Sollen kritisiert – denn hier wird ebenso problematisch vom technischen Können auf das moralische Sollen geschlossen. Das Verhältnis von Können und Sollen ist auch ein Problem des Wissens, denn das biotechnologische Herstellungswissen scheint immer eine Umsetzung zu verlangen, wird sich also auf unser Handeln auswirken. Es beschreibt die Tragik des Homo faber, daß er sein Wissen umsetzen muß bzw. glaubt, es umsetzen zu müssen. In Zukunft wird der Umgang mit dem biotechnologisch generierten Wissen eine größere Rolle spielen als die konkreten Folgen der Biotechnologien. Es ist nicht ausgeschlossen – um eine Prophezeiung zu wagen –, daß es aus dem Bedürfnis nach einer Art Gnade des Nichtwissens heraus, insbesondere hinsichtlich genetischer Dispositionen, zu einer Rückkehr der lebensweltlich vielleicht erträglicheren Wissensformen kommt, wie etwa das Gespür für die Zufälligkeit und Schicksalhaftigkeit unserer Existenz.

1 H. Arendt: Vita activa, S. 298.
2 G. Anders: Die Antiquiertheit des Menschen II, S. 17.

Ab wann lassen wir unser Handeln von einem Technodeterminismus korrumpieren? Wenn wir unser Handeln von dem vermeintlich unaufhaltsamen technischen Prozeß bestimmen lassen und uns damit Handlungsalternativen entgehen, wenn wir uns als bloß »mitgeschichtliche«[3] Geschäftsführer des technologischen Weltgeistes betrachten, dann unterlaufen wir unsere Freiheit. Seit Max Scheler und Helmuth Plessner gilt die anthropologische »Offenheit« des Menschen als eine Kernaussage über das Wesen des Menschen und die »natürliche Künstlichkeit« als Formel, die die Besonderheit des Naturkulturwesens Mensch umschreibt. Technisierungsprozesse sind dann problematisch, so kann man es knapp auf den Punkt bringen, wenn sie die Offenheit des Menschen nicht mehr befördern, sondern unterlaufen. Dies ist etwa dann der Fall, wenn die neurotechnologische Option als einzige Selbstentfaltungsmöglichkeit gesehen wird.

Wie Helmut Dubiels Selbstwahrnehmungsprotokoll zeigt, können die Neurotechnologien eine Herausforderung für die eigene Identität sein. Die technische Steuerung verschiedener kognitiver und emotionaler Zustände und die damit verbundene Selbstwahrnehmung als Objekt und Subjekt technischer Kontrolle ist in dieser Form ein neues Problem (wenn auch verwandt mit medikamentösen Einwirkungen auf das Selbst).

Bei schwerkranken Patienten sind hier zweifelsohne Therapieformen möglich, zu denen weiterhin geforscht und über die wissenschaftlich und ethisch diskutiert werden sollte. Doch zwischen einer *ultima ratio* und einer *prima* oder *secunda ratio* besteht ein großer Unterschied. Die Verbindung neuartiger Formen der neurotechnologischen Selbstkontrolle (wie sie am Beispiel der tiefen Hirnstimulation zu beobachten ist) mit der

3 Ebd., S. 9.

schleichenden Etablierung der Selbstverständlichkeit von Enhancement-Maßnahmen ist das Beunruhigende. Das Neuro-Enhancement ist eine so große Herausforderung, weil wir angesichts der derzeitigen Möglichkeiten, so bescheiden sie heute noch sein mögen, in den Spiegel unserer eigenen Zukunft blicken.

Ein großer Teil der Probleme, die das Neuro-Enhancement mit sich bringt, läßt sich um den Optimierungsbegriff gruppieren, denn allzu schnell ist in der Enhancement-Debatte von »steigernden«, »verbessernden«, »optimierenden« Eingriffen auf das Gehirn die Rede. Doch sind die Kriterien für das »Verbessern« menschlicher Leistungen meist aus einer partikularistischen und quantifizierenden Sicht gewonnen. Die sowohl chemisch meßbare als auch im Alltag spürbare Erhöhung der Aufmerksamkeit oder »Aufhellung« der Gemütslage können, genaugenommen, nur ernsthaft als »Optimierungen« bezeichnet werden, wenn die Lebenssituation des Menschen, der sich zu »optimieren« trachtet, in die Bewertung einbezogen wird. Denn wie sollte man sonst beurteilen, ob die gesuchte Verbesserung tastsächlich eine Verbesserung der Lebensführung ist? Und das ist nicht nur in der konterkarierenden Hinsicht gemeint, daß die medikamentöse Aufmerksamkeitssteigerung bei einer Prüfung dazu führen kann, daß man sich nach dem Austreten hochkonzentriert die Hände trocknet – und dabei fast die Prüfung selbst vergißt.[4] Man muß vielmehr den Horizont der Entfremdungserfahrungen mit einbeziehen, um festzustellen, ob eine Enhancement-Maßnahme möglicherweise nur auf den ersten Blick zu einer Verbesserung, auf den zweiten Blick jedoch zu einer Verschlechterung führt.

Daher ist bei der Labelisierung dieser Maßnahmen als »Opti-

---

4 Anonym: Ich bin ein Zombie, ich lerne wie eine Maschine.

mierung« oder als »Perfektionierung« Vorsicht geboten. Was einen Menschen »besser« macht, kann nicht auf der Analyse der Wirkungen eines Präparats oder einer Technologie beruhen, sondern verlangt eine grundlegendere anthropologische Verständigung über den Optimierungsbegriff. Dies kann mit einer reflexiven Anthropologie geleistet werden, die den Begriff der Optimierung vor dem Hintergrund des menschlichen Selbstverständnisses kritisch beleuchtet und hinsichtlich von Lebensführungsfragen diskutiert.

Ein zentraler Punkt ist hierbei das, was Günter Seubold das »körpertechnologische Menschenverständnis« nennt, in dem der Mensch auf ein »Körperwesen« reduziert wird und in dem der Richtwert der Selbstgestaltung aus der medialen oder physiologisch-funktionalistischen Vorstellung des »idealen Körpers« gewonnen wird.[5] Dieses Menschenverständnis sei fragwürdig, weil es zur Ideologie des »nulla salus extra corporem« und damit zu einer »illegitimen Metaphysik« werden kann, in der das Köpersein des Menschen geradezu sakralisiert wird.[6] Daher kritisiert Seubold die Vorstellung, der Mensch sei lediglich ein animalisches Wesen, das sich technologisch verbessern müsse – so umreißt er das Menschenbild der Enhancement-Befürworter –, vehement. Und in der Tat: Die »Korporifizierung des Leibes«, also die Reduzierung leiblich-seelischer Aspekte auf körperliche Funktionen, wie es Thomas Fuchs in einem anderen Kontext nennt,[7] ist eines der zentralen Probleme der biotechnologischen Selbstgestaltung.

Über das Ziel hinaus schießt Seubold jedoch, wenn er die Ethik recht pauschal als »Magd der Körpertechnologie«, ja sogar

5 G. Seubold: Der idealische Körper.
6 Ebd., S. 126.
7 Th. Fuchs: Psychopathologie von Leib und Raum, S. 99 ff.

als »Hure« bezeichnet,[8] da die ethische »Begleitforschung« seiner Ansicht nach die technischen Entwicklungen legitimiere. Dies ist zwar in der Tat ein Problem vieler bioethischer Ansätze, doch macht sich Seubold durch die Feststellung unglaubwürdig, bislang sei »noch keine mögliche technische Neuerung durch ein genuin ethisches Argument verhindert worden«.[9] Dies wird immer wieder gegen die Ethik eingewandt, doch verkennt das grundsätzlich die Funktion dieser Disziplin. Der Ethiker hat ja keine Polizei zur Verfügung, die ethische Grundsätze durchsetzt. Seit Sokrates als erster Ethiker die Bühne des abendländischen Denkens betreten hat, ist unter Ethik vielmehr die Thematisierung und Formulierung des Humanen in Umbruchsituationen zu verstehen, die Suche nach verbindlichen Normen und deren Begründung, aber nicht deren Durchsetzung.

Nichtsdestotrotz bleiben die Vorbehalte gegenüber einer falsch verstandenen Ethik berechtigt. Die Disziplin muß ihren kritischen Standpunkt behaupten, das Selbstverständliche in Frage stellen und die größeren Zusammenhänge in den Blick nehmen. Die Entscheidungen für eine gelingende Lebensführung müssen individuell gefällt werden, doch um echte individuelle Entscheidungen zu ermöglichen, muß man die anthropologischen, ontologischen und sozialen Rahmenbedingungen verstehen, unter denen gehandelt wird. Die Anpassung an Technisierungsprozesse und – in mancher Hinsicht damit zusammenhängend – an die Norm des Funktionieren-Müssens, in dem der Kampf um Anerkennung zu einem Kampf um Anpassung wird, kann Individuen unfrei machen. Für Hannah Arendt besteht das Scheitern des Homo faber, seine »Niederlage« darin, daß er das Glücklichsein in ein Glückskalkül aufzulösen sucht.

8 G. Seubold: Der idealische Körper, S. 131, 135.
9 Ebd., S. 136.

Diesem Kategorienfehler unterliegen auch die Homines fabri der Rockefeller University. Und zwar nicht nur in der Hinsicht, daß in ihrer Argumentation das Enhancement zu einer respektablen Kulturtechnik wird, sondern weil sie die Ethik selbst technokratisieren. Die Mitglieder der Rockefeller Gruppe verlieren völlig aus dem Blick, worum es in der Ethik gehen sollte. Die gute Verträglichkeit der Medikamente zu fordern oder bereits jetzt über die Betreuung von denjenigen, die nicht in der Lage sein könnten, das Enhancement-Angebot verantwortungsvoll zu nutzen, nachzudenken, ist keine Ethik, sondern Augenwischerei.

Das heißt natürlich nicht, daß Neurotechnologien immer und notwendigerweise zu einem entfremdeten Selbstverhältnis führen. Doch es ist wert, daran zu erinnern, daß Freiheit nicht heißt, unter den selbsttechnologischen Angeboten frei wählen zu können. Unter wirklicher Freiheit verstehen wir vielmehr die Möglichkeit, über unsere Bedürfnisse, Interessen und Wünsche zu reflektieren, um gute Gründe für eine bestimmte Existenzweise zu finden. Daher geht es in diesem Kontext auch nicht um rechtliche Regelungen oder strenge Verbote von Enhancement-Maßnahmen. Ethische Orientierungen sind von rechtlichen Regelungen zu unterscheiden. Sie können zwar die Grundlage rechtlicher Regelungen sein, doch gibt es Lebensbereiche, die aus guten Gründen nicht verrechtlicht werden. Das Verstehen unserer Lebenssituation in der technisierten Welt und die Schlußfolgerungen für unsere Lebensweise können nicht delegiert werden.

Es ist eine alte Einsicht, daß der Mensch nach Selbstperfektionierung trachtet oder trachten sollte. Dieses ehrenwerte humane Anliegen ist aber ohne eine Reflexion über Ziel und Mittel der Perfektionierung ziemlich wertlos. Ein Ausgang aus dieser Form der selbstverschuldeten Unmündigkeit könnte das Nachdenken über phantasievollere Mittel der Selbstperfektionierung bieten oder die Erinnerung an die Einsicht, daß nicht alle Probleme des Lebens mit denselben Mitteln gelöst werden können. Auch wenn es für viele Probleme praktische technische Lösungen gibt: Das Glück liegt in uns, so hat es La Rochefoucauld in eine knappe Form gebracht, und nicht in den Dingen.

Literatur

Ach, Johann S.; Pollmann, Arnd (Hg.): No body is perfect. Baumaßnahmen am menschlichen Körper – bioethische und ästhetische Aufrisse. Transcript: Bielefeld 2006.

Adorno, Theodor W.: Jargon der Eigentlichkeit. Zur deutschen Ideologie. Suhrkamp: Frankfurt am Main 1964.

Adorno, Theodor W.: Minima Moralia. Reflexionen aus dem beschädigten Leben. Suhrkamp: Frankfurt am Main 1969.

Anders, Günther: Die Antiquiertheit des Menschen. Bd. I: Über die Seele im Zeitalter der zweiten industriellen Revolution. Beck: München 1956.

Anders, Günther: Die Antiquiertheit des Menschen. Bd. II: Über die Zerstörung des Lebens im Zeitalter der dritten industriellen Revolution. Beck: München 1980.

Anonym: Ich bin ein Zombie, und ich lerne wie eine Maschine. In: *Zeit-Campus* vom 18. Februar 2009. Online verfügbar unter: {http://www.zeit.de/campus/2009/02/ritalin} (Stand April 2010).

Arends, Mareike; Fangerau, Heiner; Winterer, Georg: »Psychochirurgie« und tiefe Hirnstimulation mit psychiatrischer Indikation. In: Der Nervenarzt 80 (2009), S. 781-788.

Arendt, Hannah: Vita activa oder Vom tätigen Leben. Piper: München 1981.

Bacon, Francis: Neu-Atlantis. Reclam: Stuttgart 1982.

Baruzzi, Arno: Mensch und Maschine. Das Denken sub specie machinae. Fink: München 1973.

Beauvoir, Simone de: Das andere Geschlecht. Sitte und Sexus der Frau. Rowohlt: Reinbek 1992.

Benabid, Alim L.; Pollak, Pierre; Gervason, Claire et al.: Long-term suppression of tremor by chronic stimulation of the ventral intermediate thalamic nucleus. In: Lancet 337/8738 (1991), S. 403-406.

Bentele, Katrin: Ethische Aspekte der regenerativen Medizin am Beispiel von Morbus Parkinson. LIT: Berlin 2007.

Berger, Theodore W.; Ahuja, Ashish; Courellis, Spiros H. et al.: Restoring lost cognitive function: Hippocampal-cortical neural prostheses. IEEE Engineering in Medicine and Biology Magazine 24/5 (2005), S. 30-44.

Bergson, Henri: Denken und schöpferisches Werden. Aufsätze und Vorträge. Europäische Verlagsanstalt: Hamburg 1993.

Bernhard, Thomas: Alte Meister. Suhrkamp: Frankfurt am Main 1985.

Birnbacher, Dieter: Natürlichkeit. De Gruyter: Berlin, New York 2006.

Bittner, Uta; Müller, Oliver: Technisierung der Lebensführung. Zur ethischen Legitimität des Einfrierens von Eizellen bei gesunden Frauen als Instrument der Familienplanung. In: Jahrbuch für Wissenschaft und Ethik 14 (2009), S. 23-45.

Bittner, Uta: Schaffen Sie neue Menschen, Herr Sturm? In: *Frankfurter Allgemeine Zeitung* (13. September 2008), S. Z8.

Bittner, Uta: Wie Hören und Sehen wiederkommen. In: *Frankfurter Allgemeine Zeitung* (18. Febraur 2009), S. 16.

Bittner, Uta: Software fürs Gehirn. Immer mehr Technik steuert den Denkapparat. In: *Frankfurter Allgemeine Zeitung* (24. Dezember 2007), S. 18.

Bloch, Ernst: Das Prinzip Hoffnung. Suhrkamp: Frankfurt am Main 1979.

Blumenberg, Hans: Das Verhältnis von Natur und Technik als philosophisches Problem. In: Studium Generale 4 (1951), S. 461-467.

Blumenberg, Hans: Art. Kontingenz. In: Religion in Geschichte und Gegenwart, Bd. 3. Mohr: Tübingen, Sp. 1793 f.

Blumenberg, Hans: Anthropologische Annäherung an die Aktualität der Rhetorik. In: Wirklichkeiten, in denen wir leben. Aufsätze und eine Rede. Reclam: Stuttgart 1981, S. 104-136.

Blumenberg, Hans: Ordnungsschwund und Selbstbehauptung. Über Weltverstehen und Weltverhalten im Werden der technischen Epoche. In: Das Problem der Ordnung [VI. Deutscher Kongress für Philosophie], hg. von Helmut Kuhn und Franz Wiedmann. Hain: Meisenheim am Glan 1962, S. 37-57.

Blumenberg, Hans: Die Sorge geht über den Fluß. Suhrkamp: Frankfurt am Main 1987.

Blumenberg, Hans: Technik und Wahrheit. In: Actes du XI. Congrès International de Philosophie, Brüssel 20. bis 26 August 1953, Bd. II: Épistémologie. North-Holland Publication Company: Amsterdam, Louvain 1953, S. 113-120.

Blumenberg, Hans: Arbeit am Mythos. Suhrkamp: Frankfurt am Main 1979.

Blumenberg, Hans: Schiffbruch mit Zuschauer. Paradigma einer Daseinsmetapher. Suhrkamp: Frankfurt am Main 1979.

Blumenberg, Hans: »Nachahmung der Natur«. Zur Vorgeschichte der
Idee des schöpferischen Menschen. In: Wirklichkeiten, in denen wir
leben. Aufsätze und eine Rede. Reclam: Stuttgart 1981, S. 55-103.

Blumenberg, Hans: Lebenszeit und Weltzeit. Suhrkamp: Frankfurt am
Main 1986.

Blumenberg, Hans: Die Legitimität der Neuzeit. Erneuerte Ausgabe.
Suhrkamp: Frankfurt am Main 1988.

Blumenberg, Hans: Lebenswelt und Technisierung unter Aspekten der
Phänomenologie. In: Wirklichkeiten, in denen wir leben. Aufsätze
und eine Rede. Reclam: Stuttgart 1981, S. 7-54.

Blumenberg, Hans: Paradigmen zu einer Metaphorologie. Suhrkamp:
Frankfurt am Main 1998.

Blumenberg, Hans: Die Verführbarkeit des Philosophen. Suhrkamp:
Frankfurt am Main 2000.

Blumenberg, Hans: Beschreibung des Menschen. Aus dem Nachlaß hg.
von Manfred Sommer. Suhrkamp: Frankfurt am Main 2006.

Blumenberg, Hans: Geistesgeschichte der Technik, hg. von Alexander Schmitz und Bernd Stiegler. Suhrkamp: Frankfurt am Main
2009.

Böhme, Gernot; Manzei, Alexandra (Hg.): Kritische Theorie der Technik und der Natur. Fink: München 2003.

Böhme, Gernot: Leibsein als Aufgabe. Leibphilosophie in pragmatischer Hinsicht. Die graue Edition: Kusterdingen 2003.

Böhme, Gernot: Invasive Technisierung. Technikphilosophie und Technikkritik. Die graue Edition: Kusterdingen 2008.

Böhme, Gernot: Ethik leiblicher Existenz. Über unseren moralischen
Umgang mit der eigenen Natur. Suhrkamp: Frankfurt am Main 2008.

Borck, Cornelius: Hirnströme. Eine Kulturgeschichte der Elektroenze-
phalographie. Wallstein: Göttingen 2005.

Bröckling, Ulrich: Das unternehmerische Selbst. Soziologie einer Sub-
jektivierungsform. Suhrkamp: Frankfurt am Main 2007.

Cassirer, Ernst: Gesammelte Werke, hg. von Birgit Recki. Meiner: Hamburg 1998 ff.

Cassirer, Ernst: Kants Leben und Lehre. In: Gesammelte Werke, Bd. 8.

Cassirer, Ernst: Philosophie der symbolischen Formen. Zweiter Teil:
Das mythische Denken. In: Gesammelte Werke, Bd. 12.

Cassirer, Ernst: Philosophie der symbolischen Formen. Dritter Teil: Phänomenologie der Erkenntnis. In: Gesammelte Werke, Bd. 13.

Cassirer, Ernst: Form und Technik. In: Gesammelte Werke, Bd. 17.

Cassirer, Ernst: An Essay on Man. An Introduction to a Philosophy of Human Culture. In: Gesammelte Werke, Bd. 23.

Cassirer, Ernst: Nachgelassene Manuskripte und Texte, hg. von John Michael Krois und Oswald Schwemmer. Meiner: Hamburg 1995 ff.

Cassirer: Ernst: Zur Metaphysik der symbolischen Formen. In: Nachgelassene Manuskripte und Texte, Bd. 1.

Cassirer, Ernst: Vorlesungen und Studien zur philosophischen Anthropologie. In: Nachgelassene Manuskripte und Texte, Bd. 6.

Clark, Andy: Natural-Born Cyborgs. Minds, Technologies, and the Future of Human Intelligence. Oxford University Press: Oxford, New York 2003.

DeGrazia, David: Prozac, Enhancement, and Self-Creation. In: Hastings Center Report, 30/2 (2000), S. 34-40.

Delgado, José M. R.: Evolution of physical control of the brain. American Museum of Natural History: New York 1965.

Dobelle, William H.: Artificial vision for the blind by connecting a television camera to the visual cortex. In: ASAIO Journal 46 (2000), S. 3-9.

Dubiel, Helmut: Tief im Hirn. Kunstmann: München 2006.

Cues, Nicolaus von: Die Kunst der Vermutung. Auswahl aus den Schriften, hg. v. Hans Blumenberg. Schünemann: Bremen 1957.

Ehrenberg, Alain: Das erschöpfte Selbst. Depression und Gesellschaft in der Gegenwart. Campus: Frankfurt, New York 2004.

Elias, Norbert: Über den Prozeß der Zivilisation. Soziogenetische und psychogenetische Untersuchungen, Bd. 1: Wandlungen des Verhaltens in den weltlichen Oberschichten des Abendlandes. Suhrkamp: Frankfurt am Main 1997.

Elliott, Carl: Better than well. American medicine meets the American dream. Norton & Company: New York, London 2003.

Engelhardt, Dietrich von: Krankheit und Lebenskunst. Goethe als Patient im Urteil des Arztes, Naturphilosophen und Malers Carl Gustav Carus. In. Auf den Schultern des Anderen. Festschrift für Helmut Koopmann zum 75. Geburtstag, hg. von Andrea Bartl und Antonie Magen. Mentis: Paderborn 2008, S. 43-62.

Figal, Günter: Erörterung des Nihilismus. Ernst Jünger und Martin Heidegger. In: Études germaniques 51 (1996), S. 717-725.

Fischer, Peter: Philosophie der Technik. Eine Einführung. Fink: München 2004.

Fischer, Peter (Hg.): Technikphilosophie. Reclam: Leipzig 1996.

Förstl, Hans: Neuro-Enhancement. Gehirndoping. In: Der Nervenarzt 80 (2009), S. 840-846.

Foucault, Michel: Sexualität und Wahrheit. Bd. 3: Die Sorge um sich. Suhrkamp: Frankfurt am Main 1986.

Fountas, Kostas N.; Smith, Joseph R.; Murro, Anthony M. et al.: Closed-loop stimulation implantable system for the management of focal, medically refractory epilepsy: Implantation technique and preliminary results. Abstract presented at the Annual Meeting of the American Epilepsy Society (2005).

Freud, Sigmund: Das Unbehagen in der Kultur. In: Das Unbehagen in der Kultur und andere kulturtheoretische Schriften. Fischer: Frankfurt am Main 2001, S. 29-108.

Freyer, Hans: Zur Philosophie der Technik. In: Blätter für deutsche Philosophie 3/2 (1929), S. 192-201.

Freyer, Hans: Über das Dominantwerden technischer Kategorien in der Lebenswelt der industriellen Gesellschaft. In: Technikphilosophie. Von der Antike bis zur Gegenwart, hg. von Peter Fischer. Reclam: Leipzig 1996, S. 237-254.

Frisch, Max: Homo faber. Ein Bericht. Suhrkamp: Frankfurt am Main 1977.

Fuchs, Thomas: Leib – Raum – Person. Entwurf einer phänomenologischen Anthropologie. Klett-Cotta: Stuttgart 2000.

Fuchs, Thomas: Psychopathologie von Leib und Raum. Phänomenologisch-empirische Untersuchungen zu depressiven und paranoiden Erkrankungen. Steinkopff: Darmstadt 2000.

Fuchs, Thomas: Ökologie des Gehirns. Eine systemische Sichtweise für Psychiatrie und Psychotherapie. In: Der Nervenarzt 76 (2005), S. 1-10.

Fuchs, Thomas: Das Gehirn – ein Beziehungsorgan. Eine phänomenologisch-ökologische Konzeption. Kohlhammer: Stuttgart 2008.

Fukuyama, Francis: Das Ende des Menschen. Deutsche Verlags-Anstalt: Stuttgart 2002.

Gaier, Ulrich: Faust, Tragische Bilanz der Neuzeit. In: Fausts Modernität. Stuttgart 2000, S. 15-56.

Gamm, Gerhard: Unbestimmtheitsstrukturen der Technik. In: Unbestimmtheitssignaturen der Technik. Eine neue Deutung der technisierten Welt, hg. von Gerhard Gamm und Andreas Hetzel. Transcript: Bielefeld 2005, S. 17-35.

Galert, Thorsten; Bublitz, Christoph; Heuser, Isabella et al.: Das optimierte Gehirn. Ein Memorandum sieben führender Experten. In: Gehirn und Geist 11 (2009), S. 1-12 (Online-Version).

Galimberti, Umberto: Psiche e teche. L'uomo nell'età della tecnica. Feltrinelli: Mailand 1999.

Galimberti, Umberto: Die Technik und das Wesen des Menschen im 21. Jahrhundert. In: Italienische Technikphilosophie für das 21. Jahrhundert, hg. von Roland Benedikter. Frommann-Holzboog: Stuttgart-Bad Cannstatt 2002, S. 11-32.

Gayer, Christian: Raus aus dem Richter-, rein in den Neuro-Staat! In: *Frankfurter Allgemeine Zeitung* (9. Januar 2008), S. 29.

Gehlen, Arnold: Der Mensch und die Technik. In: Die Seele im technischen Zeitalter. Sozialpsychologische Probleme in der industriellen Gesellschaft. Rowohlt: Reinbek 1957, S. 7-22.

Gehlen, Arnold: Der Mensch. Seine Natur und seine Stellung in der Welt. Quelle & Meyer: Wiesbaden 1997.

Gerhardt, Volker: Selbstbestimmung. Das Prinzip der Individualität. Reclam: Stuttgart 1999.

Gerhardt, Volker: Homo publicus. In: Was ist der Mensch? [Humanprojekt 3], hg. von Detlev Ganten, Volker Gerhardt, Jan-Christoph Heilinger und Julian Nida-Rümelin. De Gruyter: Berlin 2008, S. 97-102.

Goethe, Johann Wolfgang von: Faust. Der Tragödie zweiter Teil. In: Werke [Hamburger Ausgabe], Bd. 3. Beck: München 1981.

Goethe, Johann Wolfgang von: Wilhelm Meisters Wanderjahre. In: Werke [Hamburger Ausgabe], Bd. 8. Beck: München 1981.

Gordijn, Bert; Chadwick, Ruth (Hg.): Medical Enhancement and Posthumanity. Springer: New York, Heidelberg 2008.

Graupner, Heidrun: Die Träume der Genforscher. In: *Süddeutsche Zeitung* (27./28. Juni 2009), S. 9.

Greely, Henry; Sahakian, Barbara; Harris, John et al.: Towards responsible use of cognitive-enhancing drugs by the healthy. In: Nature 456 (11. Dezember 2008), S. 702-705.

Grunwald, Armin; Juillard, Yannick: Technik als Reflexionsbegriff. Überlegungen zur semantischen Struktur des Redens über Technik. In: Philosophia naturalis 42/1 (2005), S. 127-157.

Habermas, Jürgen: Technik und Wissenschaft als »Ideologie«. Suhrkamp: Frankfurt am Main 1969.

Habermas, Jürgen: Die Zukunft der menschlichen Natur. Auf dem Weg zu einer liberalen Eugenik? Suhrkamp: Frankfurt am Main 2001.

Habermas, Jürgen: »Ich selber bin ja ein Stück Natur« – Adorno über die Naturverflochtenheit der Vernunft. Überlegungen zum Verhältnis von Freiheit und Unverfügbarkeit. In: Zwischen Naturalismus und Religion. Philosophische Aufsätze. Suhrkamp: Frankfurt am Main 2005, S. 187-215.

Haraway, Donna: Ein Manifest für Cyborgs. Feminismus im Streit mit den Technowissenschaften. In: Die Neuerfindung der Natur. Primaten, Cyborgs und Frauen, hg. von Carmen Hammer. Campus: Frankfurt am Main, New York 1995, S. 33-72.

Heidegger, Martin: Sein und Zeit. Niemeyer: Tübingen 1993.

Heidegger, Martin: Die Zeit des Weltbildes. In: Holzwege. Klostermann: Frankfurt am Main, S. 73-110.

Heidegger, Martin: Die Frage nach der Technik. In: Vorträge und Aufsätze. Neske: Pfullingen, S. 13-44.

Heidegger, Martin: Beiträge zur Philosophie (Vom Ereignis). In: Gesamtausgabe, Bd. 65, Klostermann: Frankfurt am Main 1989.

Heidegger, Martin: Überwindung der Metaphysik. In: Metaphysik und Nihilismus. In: Gesamtausgabe, Bd. 67, hg. von Hans-Joachim Friedrich. Klostermann: Frankfurt am Main 1999, S. 71-99.

Heidegger, Martin: Gelassenheit. Klett-Cotta: Stuttgart 1959.

Heilinger, Jan-Christoph: Enhancement. Anthropologie und Ethik [unveröffentlichte Dissertation]. 2009.

Heilinger, Jan-Christoph; Müller, Oliver: Der Cyborg und die Frage nach dem Menschen. Kritische Überlegungen zum »homo arte emendatus et correctus«. In: Jahrbuch für Wissenschaft und Ethik (2007), S. 21-44.

Heilinger, Jan-Christoph; King, Colin; Wittwer, Héctor: Individualität und Selbstbestimmung. Akademie-Verlag: Berlin 2009.

Hildebrandt, Helmut: Weltzustand Technik. Ein Vergleich der Technikphilosophien von Günther Anders und Martin Heidegger. Metropol: Berlin 1990.

Hösle, Vittorio: Warum ist die Technik ein philosophisches Schlüsselproblem geworden? In: Praktische Philosophie in der modernen Welt. Beck: München 1992, S. 87-108.

Honneth, Axel: Verdinglichung. Eine anerkennungstheoretische Studie. Suhrkamp: Frankfurt am Main 2005.

Horkheimer, Max; Adorno, Theodor W.: Dialektik der Aufklärung. Philosophische Fragmente. Fischer: Frankfurt am Main 1969.

Horkheimer: Zur Kritik der instrumentellen Vernunft. Fischer: Frankfurt am Main 2007.

Hubig, Christoph: Macht und Dynamik der Technik – Hegels verborgene Technikphilosophie. In: Die Weltgeschichte – Das Weltgericht?, hg. von Rüdiger Bubner und Walter Mesch. Klett-Cotta: Stuttgart 2000, S. 335-343.

Hubig, Christoph: Die Kunst des Möglichen, Bd. 1: Grundlinien einer dialektischen Philosophie der Technik. Transcript: Bielefeld 2008.

Husserl, Edmund: Die Krisis der europäischen Wissenschaft und die transzendentale Phänomenologie. In: Husserliana, Bd. 6.

Jaeggi, Rahel: Entfremdung. Zur Aktualität eines sozialphilosophischen Problems. Campus: Frankfurt am Main/New York 2005.

Jaspers, Karl: Vom Ursprung und Ziel der Geschichte. Piper: München 1949.

Jaspers, Karl: Philosophie II. Existenzerhellung. Springer: Berlin 1973.

Jonas, Hans: Technik, Medizin und Ethik. Praxis des Prinzips Verantwortung. Suhrkamp: Frankfurt am Main 1987

Jünger, Ernst: Der Arbeiter. Herrschaft und Gestalt. Klett-Cotta: Stuttgart 1981.

Karafyllis, Nicole C. (Hg.): Biofakte. Versuch über den Menschen zwischen Artefakt und Lebewesen. Mentis: Paderborn 2004.

Kant, Immanuel: Kritik der reinen Vernunft. Zitiert nach der Erstausgabenpaginierung.

Kant, Immanuel: Kritik der Urteilskraft. In: Kant's gesammelte Schriften, Bd. 5. [Akademie-Ausgabe V]. Reimer: Berlin 1900 ff.

Kant, Immanuel: Erste Einleitung zur Kritik der Urteilskraft. In: Akademie-Ausgabe, Bd. 5.

Kant, Immanuel: Anthropologie in pragmatischer Hinsicht. In: Akademie-Ausgabe, Bd. 7.

Kästner, Erhart: Aufstand der Dinge. Byzantinische Aufzeichnungen. Insel: Frankfurt am Main 1973.

Keil, Geert: Kritik des Naturalismus. De Gruyter: Berlin, New York 1993.

Keil, Geert: Willensfreiheit. De Gruyter: Berlin, New York 2007.

Kettner, Matthias (Hg.): Wunscherfüllende Medizin. Ärztliche Behandlung im Dienst von Selbstverwirklichung und Lebensplanung. Campus: Frankfurt am Main 2009.

Kiesel, Helmuth: Ernst Jünger. Die Biographie. Seidler: München 2007.

Kluge, Alexander (Hg.): Nachrichten aus der ideologischen Antike. Marx – Eisenstein – Das Kapital. Suhrkamp: Frankfurt am Main 2008.

Konersmann, Ralf (Hg.): Wörterbuch der philosophischen Metaphern. Wissenschaftliche Buchgesellschaft: Darmstadt 2007.

Krämer, Felicitas: Neuro-Enhancement von Emotionen. Zum Begriff emotionaler Authentizität. In: Neuro-Enhancement. Ethik vor neuen Herausforderungen, hg. von Bettina Schöne-Seifert, Davinia Talbot, Uwe Opolka und Johann S. Ach. Mentis: Paderborn 2009, S. 189-217.

Krämer, Tanja: Kommt die gesteuerte Persönlichkeit? In: Spektrum der Wissenschaft (September 2007), S. 42-49.

Kramer, Peter D.: Listening to Prozac. The landmark book about antidepressants and the remaking of the self. Penguin Books: New York 1997.

Kübler, Andrea; Birbaumer, Niels: Brain-computer interfaces and communication in paralysis: Extinction of goal directed thinking in completely paralysed patients? In: Clinical Neurophysiology 119 (2008), S. 2658-2666.

Landmann, Michael: Philosophische Anthropologie. Menschliche Selbstdarstellung in Geschichte und Gegenwart. De Gruyter: Berlin, New York 1982.

Lanzerath, Dirk: Enhancement: Form der Vervollkommnung des Menschen durch Medikalisierung der Lebenswelt? – ein Werkstattbericht. In: Jahrbuch für Wissenschaft und Ethik 7 (2002), S. 319-336.

Lebedev, Mikhail A.; Nicolelis, Miguel A. L.: Brain-machine interfaces: past, present and future. In: Trends in Neurosciences 29/9 (2006), S. 536-546.

Lem, Stanisław: Summa technologiae. Suhrkamp: Frankfurt am Main 1981.

Linke, Detlef Bernhard: Hölderlin als Hirnforscher. Lebenskunst und Neuropsychologie. Suhrkamp: Frankfurt am Main 2005.

Luckner, Andreas; Hubig, Christoph: Natur, Kultur und Technik als Reflexionsbegriffe. In: Naturalismus und Menschenbild, hg. von Peter Janich. Meiner: Hamburg 2008, S. 52-66.

Luckner, Andreas: Heidegger und das Denken der Technik. Transcript: Bielefeld 2008.

Lübbe, Hermann: Religion nach der Aufklärung. Fink: München 2004.

Lukrez: De rerum natura/Welt aus Atomen. Reclam: Stuttgart 1973.

Maio, Giovanni: Medizin und Menschenbild. Eine Kritik anthropologischer Leitbilder der modernen Medizin. In: Mensch ohne Maß? Reichweite und Grenzen anthropologischer Argumente in der biomedizinischen Ethik, hg. von Giovanni Maio, Jens Clausen und Oliver Müller. Freiburg: Alber, S. 215-229.

Marquard, Odo: Menschliche Endlichkeit I & II. In: Menschliche Endlichkeit und Kompensation. Bamberger Hegelwochen '94, hg. von Odo Marquard, Hans-Georg Gadamer, Hans Michael Baumgartner und Walter Ch. Zimmerli. Fränkischer Tag: Bamberg 1995, S. 19-48.

Marx, Karl: Das Kapital. Kritik der politischen Ökonomie, Bd.1. In: MEGA, Bd. 23. Dietz: Berlin 1974.

Mayberg, Helen S.; Lozano, Andres M.; Voon, Valerie et al.: Deep brain stimulation for treatment-resistant depression. In: Neuron 45/5 (2005), S. 651-660.

Merkel, Reinhard; Boer, Gerard; Fegert, Jörg et al.: Intervening in the brain. Changing psyche and society [Ethics of Science and Technology Assessment 29]. Springer: Berlin, Heidelberg 2007.

Merker, Barbara: Selbsttäuschung und Selbsterkenntnis. Zu Heideggers Transformation der Phänomenologie Husserls. Suhrkamp: Frankfurt am Main 1988.

Merleau-Ponty, Maurice: Phänomenologie der Wahrnehmung. De Gruyter: Berlin, New York 1965.

Meyer-Drawe, Käte: Menschen im Spiegel ihrer Maschinen. Fink: München 1996.

Meyer-Drawe, Käte: »Lebendige Rechenbanken« – »automatische Nachkommen«. Notizen zu einer Phänomenologie der Technik. In: Mensch – Leben – Technik. Aktuelle Beiträge zur phänomenologischen Anthropologie, hg. von Julia Jonas und Karl-Heinz Lembeck. Königshausen und Neumann: Würzburg 2006, S. 185-201.

Müller, Oliver: Natur und Technik als falsche Antithese. Die Technikphilosophie Hans Blumenbergs und die Struktur der Technisierung. In: Philosophisches Jahrbuch 115/1 (2008), S. 99-124.

Müller, Oliver; Pauly, Frank: Ecce Cyborg. In: Das Magazin der Kulturstiftung des Bundes (13/2009), S. 32 f.

Müller, Oliver; Clausen, Jens; Maio, Giovanni (Hg.): Das technisierte Gehirn. Neurotechnologien als Herausforderung für Ethik und Anthropologie. Mentis: Paderborn 2009.

Müller, Oliver; Clausen, Jens; Maio, Giovanni: Der technische Zugriff auf das Gehirn. Methoden – Herausforderungen – Reflexionen. In: Das technisierte Gehirn. Neurotechnologien als Herausforderung für Ethik und Anthropologie, hg. von Oliver Müller, Jens Clausen und Giovanni Maio. Mentis: Paderborn 2009, S. 11-19.

Müller, Oliver; Claudia Bozzaro: Endlichkeit und Technisierung. Philosophische und anthropologische Überlegungen zur Veränderung von Zeiterfahrungen und zum angemessenen Umgang damit am Beispiel der Anti-Aging-Medizin. In: Endliches Leben. Interdisziplinäre Zugänge zum Phänomen der Krankheit, hg. von Markus Höfner, Stephan Schaede und Günter Thomas. Mohr Siebeck: Tübingen 2010, S. 93-112.

Musil, Robert: Der Mann ohne Eigenschaften. Rowohlt: Reinbek 1983.

Musil, Robert: Tagebücher, hg. von Adolf Frisé. Rowohlt: Reinbek 1983.

Nancy, Jean-Luc: Der Eindringling. Das fremde Herz. Merve: Berlin 2000.

Nietzsche, Friedrich: Menschliches, Allzumenschliches. In: Kritische Studienausgabe, Bd. 2, hg. von Giorgio Colli und Mazzino Montinari. Deutscher Taschenbuch Verlag: München 1999.

Nietzsche, Friedrich: Nachgelassene Fragmente aus dem Jahr 1884-85. Kritische Studienausgabe, Bd. 11. Deutscher Taschenbuch Verlag: München 1980.

Nietzsche, Friedrich: Nachgelassene Fragmente aus dem Jahr 1885-87. Kritische Studienausgabe, Bd. 12. Deutscher Taschenbuch Verlag: München 1980.

Nijboer, Femke; Kleih, Sonja; Kübler, Andrea: Gehirn-Computer-Schnittstellen für schwerstgelähmte Menschen. Klinische Möglichkeiten, technische Grenzen und ethische Fragen. In: Das technisierte Gehirn. Neurotechnologien als Herausforderung für Ethik und Anthropologie, hg. von Oliver Müller, Jens Clausen und Giovanni Maio. Mentis: Paderborn 2009. S. 51-62.

Normann, Richard A.; Greger, Bradley A.; Horse, Paul et al.: Toward the development of a cortically based visual neuroprosthesis. In: Journal of Neural Engineering 6/3 (2009), S. 1-8.

Orland, Barbara: Wo hören Körper auf und fängt Technik an? Historische Anmerkungen zu posthumanistischen Problemen. In: Artifizielle Körper – Lebendige Technik. Technische Modellierungen des Körpers in historischer Perspektive, hg. von Barbara Orland. Chronos: Zürich 2005, S. 9-42.

Ortega y Gasset, José: Betrachtungen über die Technik. In: Gesammelte Werke, Bd. 4. Deutsche Verlags-Anstalt: Stuttgart 1949, S. 7-69.

Ortega y Gasset, José: Der Aufstand der Massen. Rowohlt: Reinbek 1956.

Osterhammel, Jürgen: Die Verwandlung der Welt. Eine Geschichte des 19. Jahrhunderts. Beck: München 2009.

Parens, Erik (Hg.): Enhancing human traits. Ethical and social implications. Georgetown University Press: Washington DC 1998.

Pico della Mirandola, Giovanni: De hominis dignitate/Über die Würde des Menschen. Reclam: Stuttgart 2009.

Platon: Sophistes. In: Sämtliche Werke, Bd. 7. Insel: Frankfurt am Main 1991.

Plessner, Helmuth: Die Stufen des Organischen und der Mensch. Einleitung in die philosophische Anthropologie. De Gruyter: Berlin, New York 1975.

President's Council on Bioethics: Beyond Therapy. Biotechnology and the Pursuit of Happiness. Government Printing Office: Washington DC 2003.

Rauschecker, Josef P.; Shannon, Robert V.: Sending sound to the brain. In: Science 295/5557 (2002), S. 1025-1029.

Rentsch, Thomas: Die Konstitution der Moralität. Transzendentale Anthropologie und praktische Philosophie. Suhrkamp: Frankfurt am Main 1999.

Ricœur, Paul: Wege der Anerkennung. Erkennen, Wiedererkennen, Anerkanntsein. Suhrkamp: Frankfurt am Main 2006.

Rohbeck, Johannes: Technologische Urteilskraft. Zu einer Ethik technischen Handelns. Suhrkamp: Frankfurt am Main 1993.

Rosa, Hartmut: Beschleunigung. Die Veränderung der Zeitstrukturen in der Moderne. Suhrkamp: Frankfurt am Main 2005.

Sandel, Michael J.: Plädoyer gegen die Perfektion. Ethik im Zeitalter der genetischen Technik. Berlin University Press: Berlin 2008.

Sartre, Jean-Paul: Das Sein und das Nichts. Versuch einer phänomenologischen Ontologie. Rowohlt: Reinbek 1993.

Sartre, Jean-Paul: Entwürfe für eine Moralphilosophie. Rowohlt: Reinbek 2005.

Schapp, Wilhelm: In Geschichten verstrickt. Zum Sein von Mensch und Ding. Klostermann: Frankfurt am Main 1985.

Scheler, Max: Die Stellung des Menschen im Kosmos. In: Gesammelte Werke, Bd. 9. Francke: Bern 1976, S. 7-71.

Scheler, Max: Zur Idee des Menschen. In: Vom Umsturz der Werte. Gesammelte Werke, Bd. 3. Francke: Bern 1955, S. 171-195.

Schelsky, Helmut: Der Mensch in der wissenschaftlichen Zivilisation. [Arbeitsgemeinschaft für Forschung des Landes Nordrhein-Westfalen, Geisteswissenschaften Heft 96]. Opladen: Köln 1961.

Schiller, Friedrich: Naive und sentimentalische Dichtung. In: Schillers Werke, Bd. 20 [Nationalausgabe]. Böhlau: Weimar 1962.

Schirrmacher, Frank: Payback. Warum wir im Informationszeitalter gezwungen sind zu tun, was wir nicht wollen, und wie wir die Kontrolle über unser Denken zurückgewinnen. Karl Blessing: München 2009.

Schmitt, Stefan: Forscher lassen Menschen aus dem eigenen Körper fahren, online verfügbar unter {http://www.spiegel.de/wissenschaft/mensch/0,1518,501713,00.html} (Stand April 2010).

Schöne-Seifert, Bettina; Talbot, Davinia; Opolka, Uwe et al. (Hg.): Neuro-Enhancement. Ethik vor neuen Herausforderungen. Mentis: Paderborn 2009.

Schulze-Bonhage, Andreas; Ball, Tonio: Entwicklung und Einsatzmöglichkeiten von Brain-Machine-Interfaces bei Epilepsiepatienten. In: Das technisierte Gehirn. Neurotechnologien als Herausforderung für Ethik und Anthropologie, hg. von Oliver Müller, Jens Clausen und Giovanni Maio. Mentis: Paderborn 2009, S. 35-49.

Sennett, Richard: Handwerk. Berlin Verlag: Berlin 2008.

Seubold, Günter: Der idealische Körper. Philosophische Reflexionen über die Machtergreifung der Körpertechnologien. DenkMal: Alfter 2008.

Severino, Emanuele: Vom Wesen des Nihilismus. Klett-Cotta: Stuttgart 1983.

Siep, Ludwig: Konkrete Ethik. Grundlagen der Natur- und Kulturethik. Suhrkamp: Frankfurt am Main 2004.

Siep, Ludwig: Die biotechnische Neuerfindung des Menschen. In: No body is perfect. Baumaßnahmen am menschlichen Körper – biocthische und ästhetische Aufrisse, hg. von Johann S. Ach und Arnd Pollmann. Transcript: Bielefeld 2006, S. 21-42.

Simmel, Georg: Philosophie des Geldes [Gesamtausgabe Bd. 6]. Suhrkamp: Frankfurt am Main 1989.

Simmel, Georg: Der Begriff und die Tragödie der Kultur. In: Philosophische Kultur. Über das Abenteuer, die Geschlechter und die Krise der Moderne. Wagenbach: Berlin 1998, S. 195-219.

Sloterdijk, Peter: Regeln für den Menschenpark. Ein Antwortschreiben zu Heideggers Brief über den Humanismus. Suhrkamp: Frankfurt am Main 1999.

Sloterdijk, Peter: Du mußt dein Leben ändern. Über Anthropotechnik. Suhrkamp: Frankfurt am Main 2009.

Sonnemann, Ulrich: Negative Anthropologie. Vorstudien zur Sabotage des Schicksals. Rowohlt: Reinbek 1969.

Stiegler, Bernard: Die Logik der Sorge. Verlust der Aufklärung durch Technik und Medien. Suhrkamp: Frankfurt am Main 2008.

Strack, Friedrich (Hg.): Titan Technik. Ernst und Friedrich Georg Jünger über das technische Zeitalter. Königshausen und Neumann: Würzburg 2000.

Sturm, Volker; Lenartz, Doris; Koulousakis, Athanasios et al.: The nucleus accumbens: a target for deep brain stimulation in obsessive-compulsive- and axiety-disorders. In: Journal of Chemical Neuroanatomy 26/4 (2003), S. 293-299.

Sturma, Dieter: Philosophie der Person. Die Selbstverhältnisse von Subjektivität und Moralität. Schöningh: Paderborn 1997.

Talwar, Sanjiv K.; Xu, Shaohua; Hawley, Emerson S. et al.: Rat navigation guided by remote control. In: Nature 417/6884 (2002), S. 37-38.

Taylor, Charles: Erklärung und Interpretation in den Wissenschaften vom Menschen. Aufsätze. Suhrkamp: Frankfurt am Main 1975.

Taylor, Charles: Quellen des Selbst. Die Entstehung der neuzeitlichen Identität. Suhrkamp: Frankfurt am Main 1994.

Taylor, Charles: Das Unbehagen an der Moderne. Suhrkamp: Frankfurt am Main 1995.

Theunissen, Michael: Negative Theologie der Zeit. Suhrkamp: Frankfurt am Main 1991.

Tugendhat, Ernst: Egozentrizität und Mystik. Eine anthropologische Studie. Beck: München 2003.

Tugendhat, Ernst: Anthropologie statt Metaphysik. Beck: München 2007.

Velliste, Meel; Perel, Sagi; Spalding, M. Chance et al.: Cortical control of a prosthetic arm for self-feeding. In: Nature 453/19 (2008), S. 1098-1101.

Waldenfels, Bernhard: Der Stachel des Fremden. Suhrkamp: Frankfurt am Main 1990.

Waldenfels, Bernhard: Das leibliche Selbst. Vorlesungen zur Phänomenologie des Leibes, hg. von Regula Giuliani. Suhrkamp: Frankfurt am Main 2000.

Waldenfels, Bernhard: Bruchlinien der Erfahrung. Suhrkamp: Frankfurt am Main 2002.

Weinrich, Harald: Knappe Zeit. Kunst und Ökonomie des befristeten Lebens. Beck: München 2004.

Wiesing, Urban: Zur Geschichte der Verbesserung des Menschen. Von der restitutio ad integrum zur transformatio ad optimum? In: Zeitschrift für medizinische Ethik 52 (2006), S. 323-338.

Worrell, Gregory; Wharen, Robert; Goodman, Robert et al.: Safety and evidence for efficacy of an implantable responsive neurostimulator (RNS) for the treatment of medically intractable partial onset epilepsy in adults. Vortrag im Rahmen der Jahrestagung der American Epilepsy Society (2005).

Zeh, Juli: Corpus Delicti. Ein Prozess. Schöffling: Frankfurt am Main 2009.

Detailliertes Inhaltsverzeichnis

Einleitung   9
Dank   17

1 Formen der Technisierung des Gehirns   18
Neurotechnologien: Der Stand der Dinge   18
Bruchlinien der Selbsterfahrung   26
Technik tief im Hirn: Das Selbst als ein anderes   26
Rahmenbedingungen für bessere Gehirne: Die Homines fabri
von der Rockefeller University und das »Memorandum« in
Gehirn und Geist   33

2 Der Charakter von Technisierungsprozessen   42
Dilemmata, Mißverständnisse, Fehlschlüsse   42
Begriffliche Differenzierungen: Technik, Technologie,
Technisierung, Technokratie   49
Die anthropologischen und geschichtlichen Grundlagen der
Technisierung   53
  1. Zum Verhältnis von Menschsein und Technik   53
  2. Die Technizität des Menschen   64
  3. Die Genese der modernen Technik   68
    a) Die Herausbildung des technischen
       Selbstverständnisses   70
    b) Vom prometheischen Selbstverständnis zur
       Selbstbefragung als Homo faber   80

3 Die antithetische Grundstruktur von
Technisierungsprozessen   84
Die Rationalität der Technisierung: Thesen   87
  1. Generierung und Garantie von »Objektivität«   87
  2. Effizienzsteigerung   93

3. Erweiterung des Verfügbarkeitsrahmens   96

Strukturphänomene der Entfremdung: Antithesen   100

1. Verdinglichungserscheinungen   101

   a) Erfahrungsschwund   101

   b) Drohende Seinsverlassenheit: Die Metaphysik der

     Verdinglichung   103

2. Sinnverlust und Akzeleration   108

   a) Die Dominanz des Methodensinns   108

   b) Beschleunigung: Veränderung von Zeiterfahrungen . . .   111

3. Die Grenzen der Verfügbarkeitsdynamik   117

   a) Herrschaftsanspruch über Sein oder Nicht-Sein:

     Gewaltpotentiale   117

   b) Kontrollverlustängste   120

4 Technisierungsprozesse vor dem Horizont des
menschlichen Selbstvergewisserungsbedürfnisses   124

Technologie und Theologie   125

Technologische Träume   128

Technik und Tragik   131

Der Homo faber als anthropologische Reflexionsfigur   136

Der Homo faber: Gentleman oder Arbeiter?   146

Die Maschine als Maß der Dinge   150

5 Grenzen der Selbsttechnisierung   154

Selbstinstrumentalisierung   162

1. Gestörte Zweck-Mittel-Balance   162

2. Verarmung der Selbstbezugnahme   167

Selbstverdinglichung   173

Selbstcyborgisierung   185

Schluß: Das obskure Objekt der Optimierung   192

Literatur   201

edition unseld
Das erste Programm

Sandra Mitchell. Komplexitäten. Warum wir erst anfangen, die Welt zu verstehen. Aus dem Englischen von Sebastian Vogel. eu 1. 173 Seiten

Robert B. Laughlin. Das Verbrechen der Vernunft. Betrug an der Wissensgesellschaft. Aus dem Englischen von Michael Bischoff. eu 2. 159 Seiten

Rolf Landua. Am Rand der Dimensionen. Gespräche über die Physik am CERN. eu 3. 105 Seiten

Wolf Singer/Matthieu Ricard. Hirnforschung und Meditation. Ein Dialog. Aus dem Englischen von Susanne Warmuth und Wolf Singer. eu 4. 133 Seiten

Josef H. Reichholf. Stabile Ungleichgewichte. Die Ökologie der Zukunft. eu 5. 138 Seiten

Bernard Stiegler. Die Logik der Sorge. Verlust der Aufklärung durch Technik und Medien. Aus dem Französischen von Susanne Baghestani. eu 6. 183 Seiten

Durs Grünbein. Der cartesische Taucher. Drei Meditationen. eu 7. 143 Seiten

Dietmar Dath. Maschinenwinter – Wissen, Technik, Sozialismus. Eine Streitschrift. eu 8. 130 Seiten

edition unseld
Das zweite Programm

Olaf Breidbach. Neue Wissensordnungen. Wie aus Informationen und Nachrichten kulturelles Wissen entsteht.
eu 10. 182 Seiten

Giacomo Rizzolatti / Corrado Sinigaglia. Empathie und Spiegelneurone. Die biologische Basis des Mitgefühls. Aus dem Italienischen von Friedrich Griese. eu 11. 230 Seiten

Michael Pauen / Gerhard Roth. Freiheit, Schuld und Verantwortung. Grundzüge einer naturalistischen Theorie der Willensfreiheit. eu 12. 190 Seiten

Hans Ulrich Gumbrecht / Robert P. Harrison / Michael R. Hendrickson / Robert B. Laughlin. Geist und Materie – Was ist Leben? Zur Aktualität von Erwin Schrödinger. Aus dem Englischen von Sabine Baumann. eu 13. 150 Seiten

Oswald Egger. Diskrete Stetigkeit. Poesie und Mathematik eu 14. 160 Seiten

NF 912/1/11.08

edition unseld
Das dritte Programm

Helga Nowotny/Giuseppe Testa. Die gläsernen Gene. Die Erfindung des Individuums im molekularen Zeitalter. eu 16. 159 Seiten

Reinhard Brandt. Können Tiere denken? Ein Beitrag zur Tierphilosophie. eu 17. 159 Seiten

Margery Arent Safir (Hg.). Sprache, Lügen und Moral. Geschichtenerzählen in Wissenschaft und Literatur. Mit Beiträgen von Roald Hoffmann, Evelyn Fox Keller, Jean-Michel Rabaté und Mieke Bal. Aus dem Englischen von Rita Seuß und Thomas Wollermann. eu 18. 152 Seiten

David Gugerli. Suchmaschinen. Die Welt als Datenbank. eu 19. 117 Seiten

Karl Eibl. Kultur als Zwischenwelt. Eine evolutionsbiologische Perspektive. eu 20. 218 Seiten

Peter Janich. Kein neues Menschenbild. Zur Sprache der Hirnforschung. eu 21. 18/ Seiten

NF 924/1/1.09

edition unseld
Das vierte Programm

Hans Magnus Enzensberger. Fortuna und Kalkül. Zwei mathematische Belustigungen. eu 22. 80 Seiten

Joachim Schummer. Nanotechnologie. Spiele mit Grenzen. eu 23. 172 Seiten

Aaron Ben Ze'ev. Die Logik der Gefühle. Kritik der emotionalen Intelligenz. Übersetzt von Friedrich Griese. eu 24. 342 Seiten

Staffan Müller-Wille/Hans-Jörg Rheinberger. Das Gen im Zeitalter der Postgenomik. Eine wissenschaftshistorische Bestandsaufnahme. eu 25. 156 Seiten

Stefan Münker. Emergenz digitaler Öffentlichkeiten. Die Sozialen Medien im Web 2.0. eu 26. 144 Seiten

Klaus Kornwachs. Zuviel des Guten. Von Boni und falschen Belohnungssystemen. eu 27. 219 Seiten